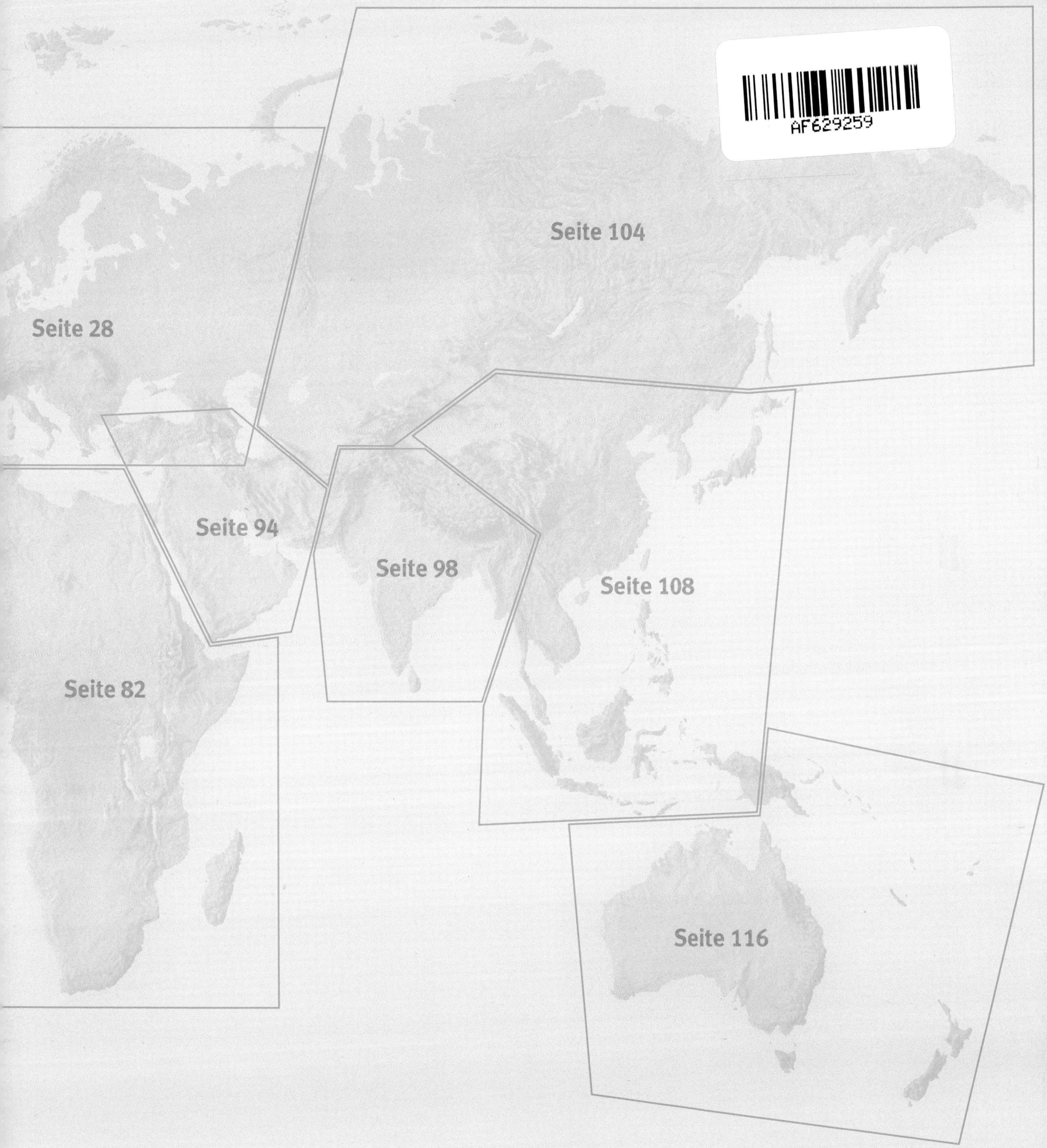
Seite 104
Seite 28
Seite 94
Seite 98
Seite 108
Seite 82
Seite 116

Der große RAVENSBURGER

WELTATLAS FÜR KINDER

Inhaltsverzeichnis

Bevor es losgeht

Lieber Leser, liebe Leserin! → **10**

Karten

Weltkarten → **18**

Europa → **28**

Nordeuropa → **36**

Mitteleuropa → **42**

Osteuropa → **60**

Südosteuropa → **68**

Südwesteuropa → **74**

Afrika → **82**

Westasien → **94**

Südasien → **98**

Nordasien und Zentralasien → **104**

Südostasien → **108**

Australien, Neuseeland und Ozeanien → **116**

Nordamerika → **122**

Mittelamerikaund Karibik → **132**

Südamerika → **136**

Arktis → **144**

Antarktis → **145**

Besondere Lebensräume

Das Watt → **52**
Die Serengeti → **90**
Madagaskar → **92**
Der Himalaja → **102**
Borneo → **114**
Großes Barriereriff → **120**
Der Yosemite-Nationalpark → **128**
Chihuahua-Wüste → **130**
Galápagosinseln → **140**
Pantanal → **142**

Außerdem

Flaggen der Welt → **146**
Register → **150**
Lösungen → **156**

Lieber Leser, liebe Leserin,

Die Erde, aus dem Weltall von einem Satelliten aufgenommen

kommst du mit auf einen Trip rund um die Erde, in den Amazonas-Regenwald, zu den ägyptischen Pyramiden und in die größte Stadt der Welt, nach Tokio? Was du brauchst? Nicht viel, du musst nicht einmal in ein Flugzeug steigen. Es reicht, wenn du die Reise mit deinem Finger auf der Landkarte machst. Deshalb kann das Abenteuer sofort losgehen! Doch zunächst erfährst du, wie sich die Menschen orientierten, bevor es Navigationsgeräte gab. Außerdem lernst du, wie so ein riesiges rundes Ding wie die Erde in einen kleinen, viereckigen Atlas passt. Und warum jede Karte einen Maßstab braucht.

Felszeichnung eines Mammuts

Vom Mammut-Zeichen im Fels bis zum Navi

Landkarten sind spannend, denn sie erzählen dir Geschichten über die Erde. Doch wie war es, als unsere Vorfahren die Welt zu Fuß, mit dem Pferd oder mit dem Schiff erkundeten, ohne Landkarten und Navigationsgeräte? Vermutlich verirrten sie sich ziemlich oft. Denn woher sollten sie wissen, dass auf der anderen Seite des Ozeans die Welt nicht zu Ende war, sondern dass dort ein anderer Kontinent lag? Sie kundschafteten neue Wege aus und lernten die Erde immer besser kennen. Vor über 38 000 Jahren begannen die Menschen der Steinzeit Zeichen, zum Beispiel die Abbilder von Mammuts, auf Felswände zu malen. Das könnten die ersten Wegweiser zu guten Jagdgebieten gewesen sein.

Çatalhöyük: im Vordergrund die Stadt, dahinter die beiden Vulkane

Die erste Karte der Welt

Etwa 7400 vor Christus errichteten Menschen in der heutigen Türkei die erste Stadt der Welt, Çatalhöyük. Die Einwohner zeichneten einen Stadtplan und damit die wahrscheinlich erste Karte der Welt: Sie malten das Abbild ihrer Häuser sowie von zwei nahen Vulkanen auf eine Hauswand.

Die älteste Weltkarte

Einige Jahrtausende später machten sich Menschen ein Bild von der ganzen Welt. Der griechische Philosoph Anaximander zeichnete die vermutlich älteste Weltkarte im Jahr 550 vor Christus. Das Original ist leider verloren gegangen.

Weltkarte von Martin Waldseemüller

Koreanische Weltkarte

Auf die Perspektive kommt es an

Im Jahr 1402 wurde in Korea bereits eine Weltkarte gezeichnet. Sie zeigt die Erde, wie sie sich die Koreaner damals vorgestellt haben: Korea wird viel größer dargestellt, als es in Wirklichkeit ist. Afrika und Europa sind dafür ganz klein.

Ein neuer Kontinent

Auf der Weltkarte des Freiburger Kartografen Martin Waldseemüller taucht 1507 erstmals das Wort „America“ auf. Er gab dem Kontinent diesen Namen nach dem italienischen Seefahrer Amerigo Vespucci. Allerdings war Christoph Kolumbus vor Vespucci dort. Die wahren Entdecker Amerikas waren übrigens keine Europäer, sondern die Vorfahren der Menschen, die heute in Sibirien leben. Sie besiedelten Amerika bereits vor mehr als 15 000 Jahren.

Wie viele Kontinente gibt es?

Um einen besseren Überblick zu haben, teilen wir die Landmassen der Erde gerne in Kontinente ein. Wie man die Erdteile zählt, darüber streiten sich die Wissenschaftler jedoch. Die meisten haben sich inzwischen auf eine Einteilung in sieben Kontinente geeinigt: Europa, Afrika, Asien, Australien/Ozeanien, Nord- und Mittelamerika, Südamerika und die Antarktis. Diese Gliederung findest du auch in diesem Weltatlas. Übrigens: Die Arktis ist kein Kontinent, weil sie nicht aus Festland besteht, sondern aus dem zugefrorenen Nordpolarmeer.

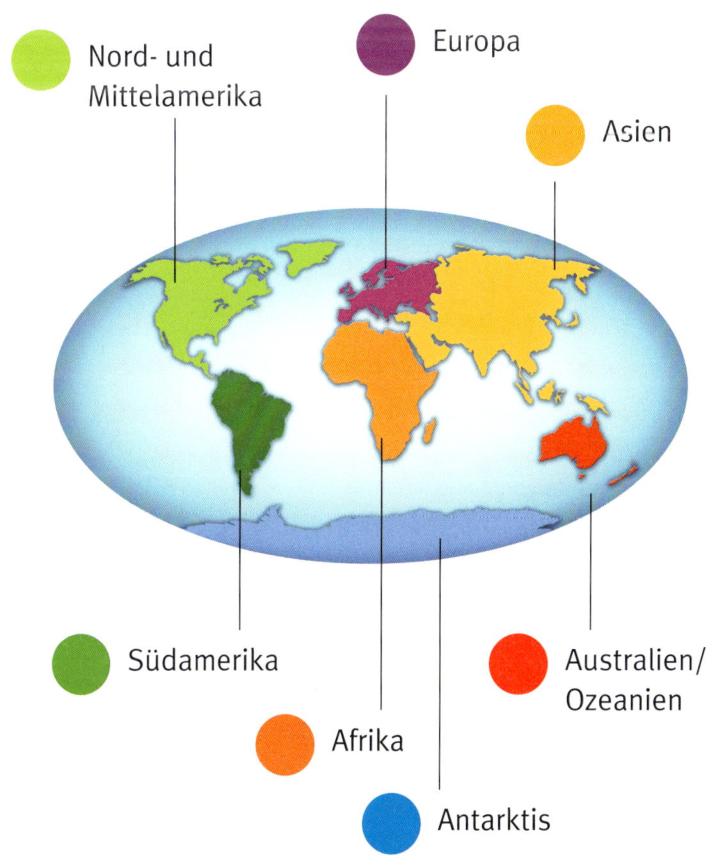

Die ganze Welt in einem Buch?

Es ist gar nicht so einfach, die Erdkugel mit ihrem Umfang von 40 000 Kilometern in einem rechteckigen Buch darzustellen. Dafür müssen Kartografen einige Tricks anwenden. Kartografen sind Wissenschaftler, die Landkarten, Wanderkarten oder Stadtpläne zeichnen.

Die genaueste Art, die Erde darzustellen, ist der Globus, weil er dem Original in seiner Form ähnelt.

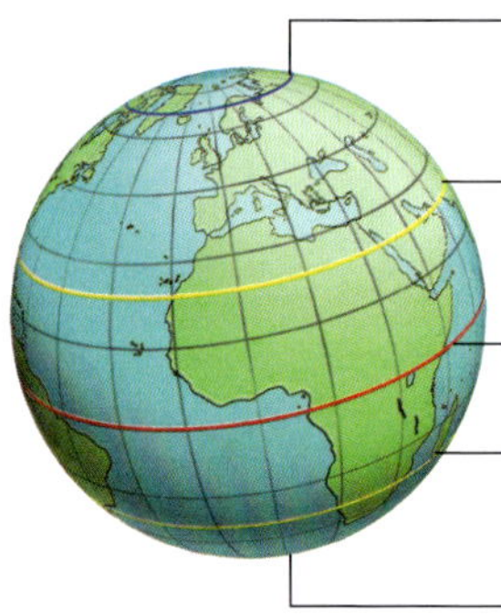

Warum hat der Globus Linien?

Ein Globus ist mit einem gedachten Gitternetz überzogen, so kannst du jeden Ort auf der Erde finden. Die waagrechten Linien heißen Breitenkreise, es gibt 180 von ihnen. Der bekannteste ist der Äquator, der die Erde in eine Nord- und eine Südhälfte teilt. Dann gibt es noch 360 senkrechte Linien, sie heißen Längenkreise. Nicht alle Linien werden aufgezeichnet, sonst könntest du auf deinem Globus kaum noch etwas erkennen.

Vom Globus zur Karte

Wie schaffen es die Wissenschaftler, die Oberfläche der runden Erde auf einer flachen Karte darzustellen?

1.

Schon klar, die Erde ist keine Orange. Aber stell dir mal vor, sie wäre eine.

2.

Dann könnte man ihre Oberfläche ganz einfach abschälen.

3.

Man würde aber schnell feststellen, dass keine durchgängige Fläche entsteht, wenn man die Schale auf einen Tisch legt. Die Schale reißt, die Weltkarte hat Lücken.

Mit Karte und Kompass

Hast du diese beiden Hilfsmittel dabei, kannst du dich nicht verlaufen. So geht's: Auf der Karte ist Norden immer oben. Wo in der Natur Norden ist, zeigt dir der Kompass: Drehe ihn so lange, bis die Spitze der Kompassnadel auf den Buchstaben N, also Norden zeigt. Jetzt weißt du, wo Süden, Westen und Osten liegen.

4.

Damit eine Karte entsteht, müssen Kartografen diese „Löcher“ füllen. Dazu zerren sie an den Landmassen, dehnen oder stauchen sie. Das Ergebnis dieser Arbeit nennt man Projektion.

Natur als Wegweiser

Wenn Kompass und Karte zu Hause liegen, hilft dir die Natur. Ein Beispiel: Da der Wind bei uns meist aus Westen weht, neigen sich Pflanzen oft in Richtung Osten, sie werden von Sturm und Regen dorthin „gedrängt“.

Navi in, Karten out?

Braucht man eigentlich noch Karten? Es gibt doch Navigationsgeräte! Damit findest du deinen Weg bei jeder Fahrradtour. Deine Eltern kurven mit dem Navi durch eine fremde Stadt. Die Antwort heißt trotzdem: Ja, wir brauchen noch Karten. Denn sie funktionieren bei Regen, wenn der Akku deines Handys leer ist oder wenn die Satelliten ausfallen – und vor allem geben sie einen Überblick über das große Ganze. Und natürlich können auch die Navigationsgeräte selbst nicht ohne Karten den Weg weisen.

So funktioniert ein Navi

Mehr als dreißig GPS-Satelliten umkreisen unsere Erde in einer Höhe von 20 000 Kilometern. GPS (sprich: Dschi-Pi-Ess) ist die Abkürzung für „Global Positioning System“, was auf Deutsch „globales System zur Ortsbestimmung“ heißt. Die Satelliten schicken Signale an Mini-Computer, die Navigationsgeräte. Die Navis berechnen die genaue Position und zeigen sie auf einem Bildschirm an.

Was ist der Maßstab?

Der Maßstab gibt an, um wievielmal kleiner die Karte gegenüber der Wirklichkeit ist. Ein Beispiel: Der Maßstab 1 : 10 000 bedeutet, dass ein Zentimeter auf der Karte 10 000 Zentimetern, also 100 Metern, in der Natur entspricht.

Mit der Maßstabsleiste kannst du Entfernungen auf der Karte abmessen.

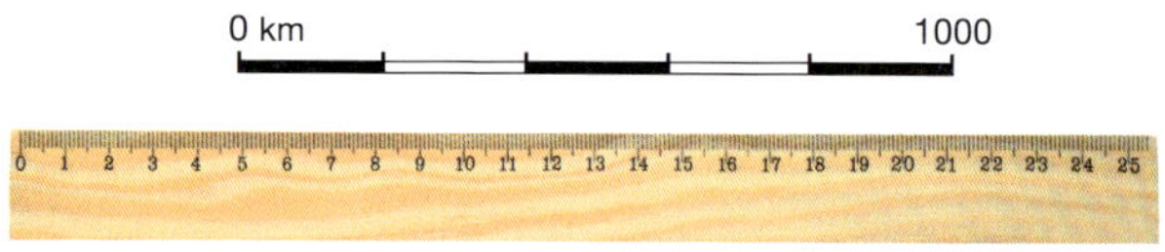

1.

Hier siehst du den Berliner Reichstag in einer Luftbildaufnahme in einem Maßstab von 1:2500 (1 Zentimeter auf der Karte = 2500 Zentimeter = 25 Meter in der Wirklichkeit).

2.

So sieht der Reichstag auf einem Stadtplan mit dem Maßstab 1:10 000 aus (1 Zentimeter auf der Karte = 10 000 Zentimeter = 100 Meter in der Wirklichkeit).

3.

Auf dieser Deutschlandkarte kannst du zwar noch Berlin entdecken, aber nicht mehr den Reichstag. Die Karte hat einen Maßstab von 1:6 000 000 (1 Zentimeter auf der Karte = 60 Kilometer in der Wirklichkeit).

4.

Auf der Weltkarte mit dem Maßstab 1:50 000 000 ist Berlin nur noch ein kleiner Punkt (1 Zentimeter auf der Karte = 500 Kilometer in der Wirklichkeit).

Karten lesen, aber wie?

Ein Buch liest du und eine Karte schaust du nur an? Nein, auch in Landkarten kannst du schmökern. In ihnen stecken unglaublich viele Informationen. Du erfährst, wo Städte, Flüsse und Berge liegen und wie weit sie voneinander entfernt sind, ob es an einem Ort kalt ist oder heiß, ob es viel oder wenig regnet. Um diese Informationen zu verstehen, helfen dir die Legenden. Auch für diesen Atlas gibt es eine Legende.

Legende

- Fluss
- See
- *Elbe* Gewässername
- Wasserfall
- ▲ Berg
- *Mt. Everest 8848 m* Bergname und -höhe
- ***Alpen*** Gebirgsname
- Korallenriff
- ▼ *-10542 m* Meerestiefe
- *Kreta* Insel- und Landschaftsname
- Staatsgrenze (Land)
- Staatsgrenze (Wasser)
- **POLEN** Staatsname

- **Oslo** ★ Hauptstadt
- Köln ● Millionenstadt
- Miami ● Stadt unter 1 Million Einwohner
- Wald
- Wohngebiete
- Industriegebiete
- Flughafen
- Autobahn
- Autobahntunnel
- Hauptstraße
- Eisenbahn
- Eisenbahntunnel

Kartensymbole

Diese Symbole zeigen dir, wo es auf der Karte etwas Spannendes zu entdecken gibt:

- Sehenswürdigkeit
- Rekord
- Das kommt von hier
- Tier
- Pflanze
- Mensch
- Abenteuer/Gefahr
- Essen
- Sprache/Dialekt
- Sport

Bist du ein Ratefuchs? Dann ist dieser Atlas genau richtig für dich. Auf vielen Seiten findest du *Knobelkästen*. Viel Spaß!

Was für Karten gibt es?

In diesem Atlas kannst du in unterschiedlichen Karten stöbern. Du findest Karten mit den geografischen Besonderheiten, auf denen du Flüsse und Seen, Berge und Täler entdecken kannst. Die Kartografen sprechen von **physischen Karten**.

Politische Karten zeigen die Lage und Grenzen von Staaten sowie Haupt- und Millionenstädte.

Physische Karte

Politische Karte

Eine Reise ins Weltall

Hey, Erdling! Stell dir vor, Außerirdische wollen dich besuchen. Welche Adresse würdest du ihnen geben? „2. Stock, Hauptstraße 33a, in Köln“? Das reicht leider nicht aus. Denn unsere Erde ist im Weltall winzig klein – kleiner als ein Staubkorn. Damit dich Aliens finden, müsstest du deiner Adresse hinzufügen: „Dritter Planet im Sonnensystem, links in der Milchstraße, irgendwo im Universum!“

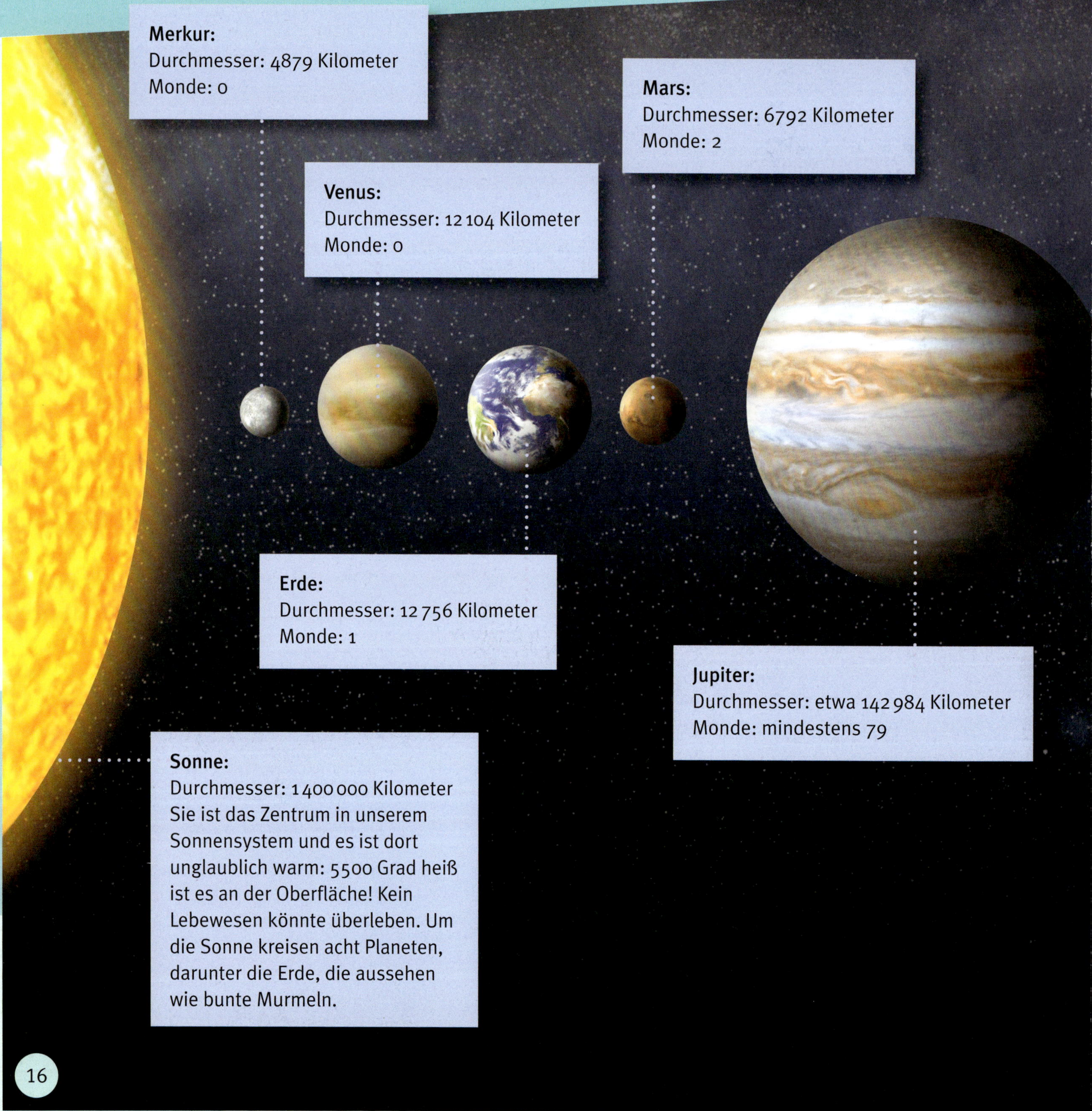

Millionen Gesteinsbrocken, auch Asteroiden genannt, umkreisen die Sonne. Sie bilden den Asteroidengürtel.

Du kannst dir die Reihenfolge der Planeten nicht merken? Präge dir die Anfangsbuchstaben dieser Eselsbrücke ein: „**M**ein **V**ater **e**rklärt **m**ir **j**eden **S**amstag **u**nseren **N**achthimmel!“

Saturn:
Durchmesser: 120 536 Kilometer
Monde: mehr als 62

Neptun
Durchmesser: 49 528 Kilometer
Monde: 14

Uranus
Durchmesser: 51 118 Kilometer
Monde: 27

Unser Sonnensystem im Universum
Das **Universum** ist unvorstellbar groß. Niemand weiß, wie riesig es ist. Was sicher ist: Es dehnt sich aus und wird immer größer. Was wir noch wissen: Das Universum beherbergt mehr als 50 Milliarden Galaxien, eine davon ist die **Milchstraße**, unsere Heimatgalaxie.

Unser Sonnensystem ist vor 4,6 Milliarden Jahren entstanden.

Weltrekorde

Die größte Insel heißt Grönland. Sie gehört zu Dänemark.

Wo liegt das längste Gebirge? Wo fährst du hin, wenn du mal richtig schwitzen möchtest? Wo kannst du den größten Gletscher bewundern? Entdecke die Rekorde der Erde auf dieser physischen Karte!

Die trockenste Gegend der Welt liegt in der Atacamawüste in Chile. Als es 1971 dort einmal regnete, endete eine 400 Jahre andauernde Dürre.

Der Amazonas-Regenwald ist **der größte und artenreichste Regenwald** der Erde.

Das größte Sumpfgebiet ist das Pantanal in Brasilien.

Das längste Gebirge sind die Anden. Sie ziehen sich 7500 Kilometer durch Südamerika.

Das Kaspische Meer ist kein Meer, sondern **der größte See** der Welt. Seine Fläche ist größer als Deutschland. →

Die tiefste Höhle ist die Werjowkina-Höhle in Georgien. 2212 Meter geht es dort in den Erdboden hinein.

Der höchste Berg ist der Mount Everest mit 8849 Metern.

Das Tote Meer liegt 400 Meter unter dem Meeresspiegel und ist somit **der tiefste Punkt der Erde.**

Die größte Wüste ist die Sahara. Sie bedeckt ein Drittel der Fläche Afrikas. ↓

Der Lambertgletscher ist **der längste und größte Gletscher.** Er liegt in der Antarktis, ist 420 Kilometer lang und etwa 130 Kilometer breit.

Länderrekorde

Die nördlichste Hauptstadt ist Reykjavík. Sie liegt etwa 270 Kilometer südlich des nördlichen Polarkreises. →

Über acht Milliarden Menschen leben auf der Erde. Sie bauen Häuser, große Straßen, faszinierende Städte, gründen Staaten. Kurz: Sie gestalten den Planeten. Die wichtigsten Rekorde findest du auf dieser politischen Karte.

Die Panamericana ist mit 26 000 Kilometern **die längste Straße** der Welt. Sie führt von Alaska im Norden bis zur Südspitze Chiles. ←

Die längste Grenze zwischen zwei Ländern trennt die USA und Kanada: 9000 Kilometer.

Das kleinste Land der Welt ist der Vatikanstaat: Er ist nur so groß wie 50 Fußballplätze – manches Einkaufszentrum in den USA ist größer!

← Sie ist der Gipfel: Quito ist **die höchstgelegene Hauptstadt** der Welt und liegt in einem Tal der Anden auf 2850 Metern.

Ein trauriger **Minusrekord**: Fast jeder dritte Mensch in Afrika ist unterernährt.

Das am dünnsten besiedelte Land ist die Mongolei. Hier leben nur 1,7 Menschen pro Quadratkilometer.

Das Land mit den meisten Nachbarn ist China: Vietnam, Laos, Myanmar, Bhutan, Nepal, Indien, Pakistan, Afghanistan, Tadschikistan, Kirgisistan, Kasachstan, Russland, Mongolei und Nordkorea.

Der Großraum Tokio gilt mit über 38 Millionen Einwohnern als **größte Stadt** der Welt. Es leben dort etwa so viele Menschen wie in Kanada, dem zweitgrößten Land der Welt.

Die **südlichste Hauptstadt** der Welt heißt Wellington in Neuseeland.

In Uganda lebt **die jüngste Bevölkerung.** Mehr als die Hälfte der Menschen sind jünger als 15 Jahre.

Jeder dritte Mensch lebt in China (1,4 Milliarden) oder Indien (1,4 Milliarden). Bald wird Indien mehr Einwohner als China haben.

Australien ist das sechstgrößte Land der Erde. Dort leben nur 25 Millionen Menschen. Dafür hüpfen etwa **50 Millionen Kängurus** durch die Gegend.

Meerrekorde

Aus dem Weltall betrachtet erscheint unsere Erde blau. Kein Wunder, sie besteht zu zwei Dritteln aus Wasser und wird deshalb auch der „blaue Planet“ genannt. Das viele Nass steckt voller Geheimnisse: Wissenschaftler schätzen, dass darin etwa zehn Millionen Tier- und Pflanzenarten leben, doch bislang sind erst 300 000 bekannt. Und der Rest? Die warten darauf, entdeckt zu werden!

9 Sprungweltmeister: Der **Delfin** springt bis zu sieben Meter aus dem Wasser. →

1 Der zweitgrößte Ozean ist der **Atlantik**, der etwa halb so groß wie der Pazifik ist. Für uns unsichtbar liegt hier die größte Bergkette der Welt, der **Mittelatlantische Rücken**. ↓

↑ Ein gigantischer **Teppich aus Plastikmüll** schwimmt im Pazifik. Forscher schätzen, dass er etwa zweimal so groß ist wie Deutschland. Für Seevögel, Robben, Schildkröten und Fische ist der Müll eine große Gefahr, weil sie sich daran verletzen können.

2 Das **Südpolarmeer** ist das zweitkleinste Meer und umschließt vollständig den südlichsten Kontinent, die Antarktis. ↓

Wie viele Meere gibt es? Genau genommen: eins. Die gigantische salzige Wassermasse ist miteinander verbunden und ständig in Bewegung. Getrennt wird sie durch die Kontinente, durch Meeresrücken und große Gräben unter Wasser. Üblicherweise unterscheiden Forscher jedoch fünf Ozeane und ihre Nebenmeere.

Der **Marianengraben** im Pazifik ist mit 11034 Metern die tiefste Stelle unserer Ozeane. Er ist damit viel tiefer, als der Mount Everest hoch ist.

Das **Nordpolarmeer,** auch Arktischer Ozean genannt, ist der kleinste Ozean. Im Winter ist die Wasseroberfläche fast vollständig gefroren und bildet die Arktis. →

Der drittgrößte Ozean ist der **Indische Ozean.** Große Teile liegen in den Tropen, deshalb ist er der wärmste Ozean.

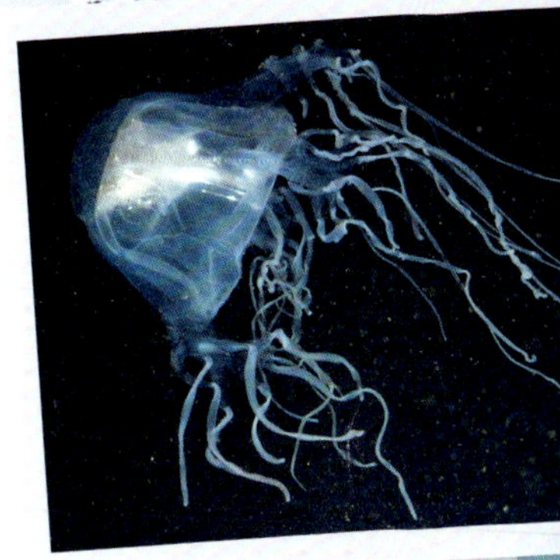

↑

Giftige Seewespe: Sie schwimmt vor der Küste Australiens und gilt als eines der giftigsten Tiere der Welt. Diese Qualle trägt so viel Gift in sich, dass sie theoretisch 250 Menschen auf einmal töten könnte.

Der **Blaue Marlin** zählt zu den schnellsten Fischen der Welt. Er peitscht mit 110 Kilometern pro Stunde durch den Atlantik. Sportschwimmer erreichen etwa sieben Kilometer in der Stunde

↙

Der Gigant unter den Ozeanen: Der **Pazifik** ist größer als alle Kontinente und Inseln zusammen und wird auch Stiller Ozean genannt. Diesen Namen gab ihm der portugiesische Seefahrer Ferdinand Magellan, der im Jahr 1520 auf einem „stillen" Ozean segelte. Allerdings ist der Pazifik keineswegs immer friedlich. In Äquatornähe entstehen häufig mächtige Wirbelstürme, die Taifune. →

Klimarekorde

Kennst du den Unterschied zwischen Wetter und Klima? Schau aus dem Fenster: Scheint die Sonne, ziehen Wolken am Himmel oder regnet es? Das, was du gerade siehst, ist das Wetter, das sich täglich ändern kann. Als Klima hingegen bezeichnet man das typische Wetter an einem bestimmten Ort über einen längeren Zeitraum hinweg.

Tropisches Klima: Nördlich und südlich des Äquators ist es immer heiß und feucht. In dieser Gegend wachsen Regenwälder. ↓

Gebirgsklima: Auf den Gipfeln der Berge ist es kälter, feuchter und windiger als in den Tälern der gleichen Klimazone. ↓

1 **Der nasseste Ort:** In Mawsynram in den Khasi-Bergen in Indien regnet es im Jahr durchschnittlich 12 000 Liter auf einen Quadratmeter. Würde diese Menge auf einmal herunterprasseln, stünde das Wasser 12 Meter hoch in den Straßen.

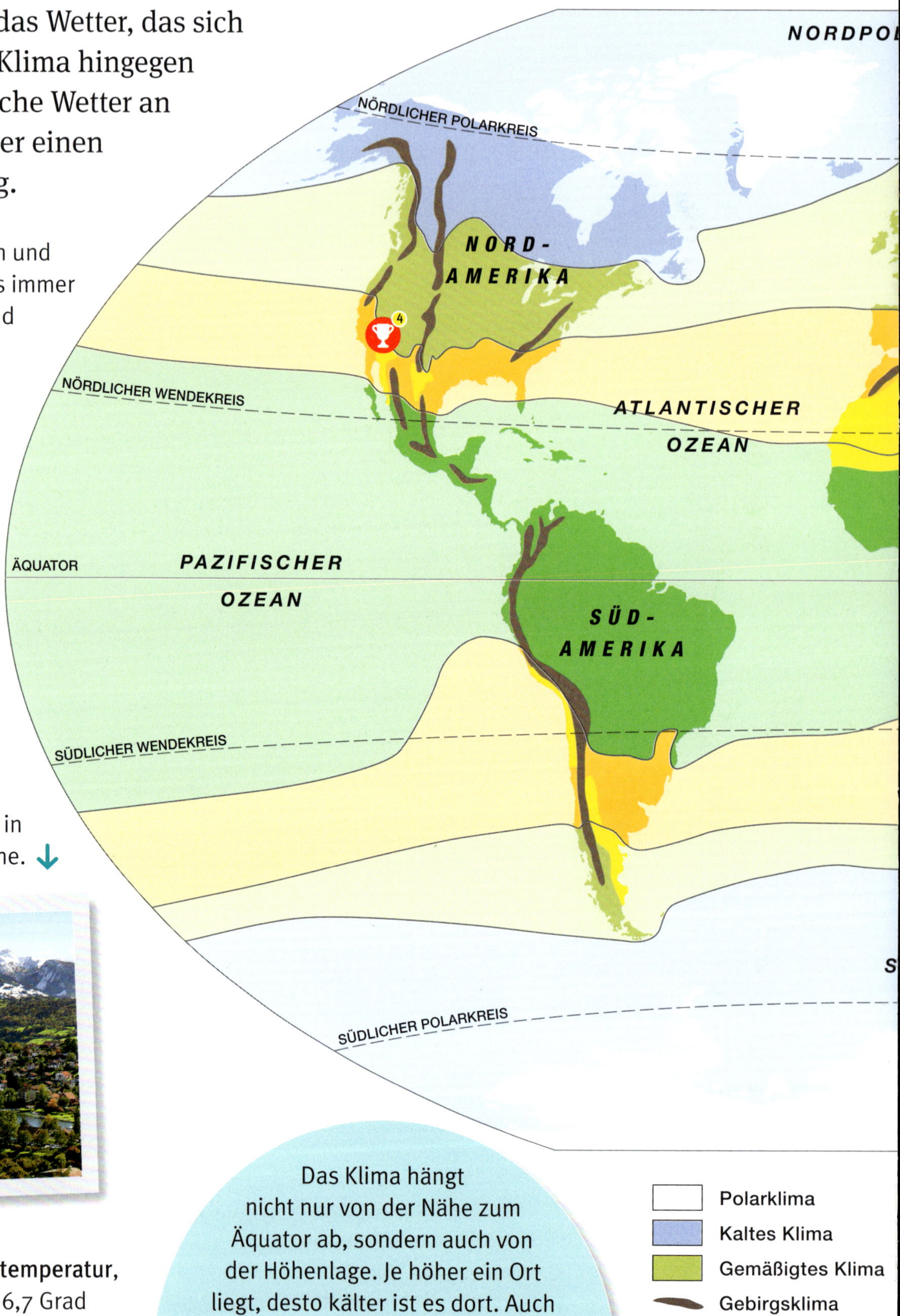

4 Schwitz! **Die höchste Lufttemperatur,** die je gemessen wurde: 56,7 Grad im kalifornischen Death Valley im Jahr 1913.

Das Klima hängt nicht nur von der Nähe zum Äquator ab, sondern auch von der Höhenlage. Je höher ein Ort liegt, desto kälter ist es dort. Auch die Nähe zum Meer beeinflusst das Klima, weil Wasser Wärme und Kälte speichert. Große Mengen Wasser erwärmen oder kühlen die Gebiete an den Küsten.

Kaltes Klima: Die Winter sind in diesen Gebieten sehr kalt und trocken, im Sommer gibt es mehr Niederschläge und es wird wärmer.

Warum ist es am **Äquator** heiß und an den Polen kalt? Weil die Erde eine Kugel ist, treffen die Sonnenstrahlen am Äquator senkrecht auf, an den Polen aber in einem flachen Winkel. Dort verteilen sie sich zudem über ein größeres Gebiet.

Gewitterhauptstadt: In Kampala in Uganda gewittert es an 290 Tagen im Jahr.

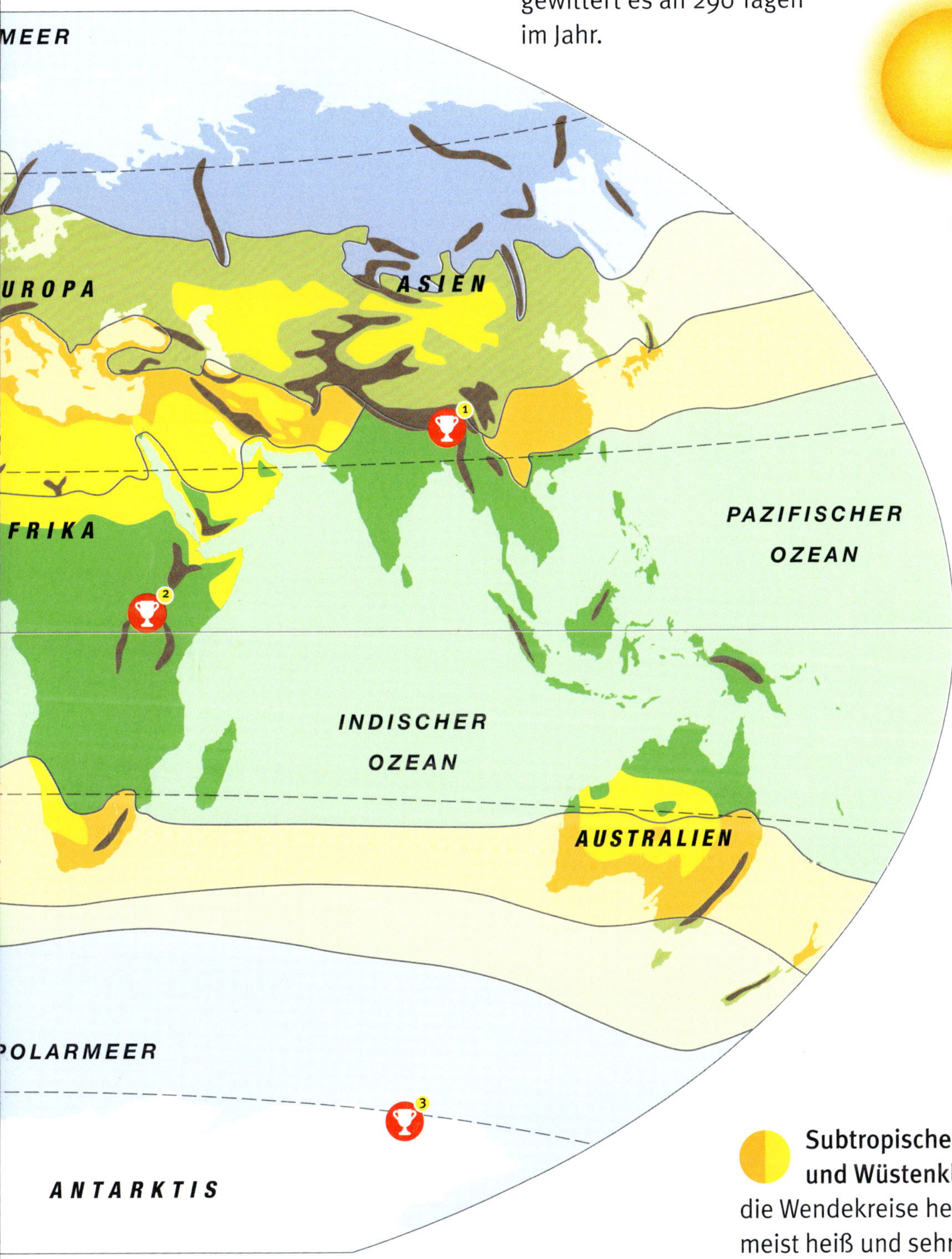

Der windigste Platz: An der Commonwealth Bay in der Antarktis zieht es wie sonst nirgendwo auf der Welt. Der Wind pfeift mit bis zu 350 Kilometern pro Stunde.

Gemäßigtes Klima: Hier sind die Temperaturen ausgeglichen: im Sommer nicht zu heiß, im Winter nicht zu kalt; es ist weder zu trocken noch zu feucht. Dieses Klima herrscht zum Beispiel in Deutschland, in Österreich und in der Schweiz.

Subtropisches Klima und Wüstenklima: Um die Wendekreise herum ist es meist heiß und sehr trocken. In Wüstengebieten wie der Sahara fällt nur ganz selten Regen.

- Subtropisches Klima
- Wüstenklima
- Tropisches Klima

Polarklima: Im Sommer steigt das Thermometer selten über null Grad Celsius, im Winter ist es bitterkalt: Temperaturen bis minus 60 Grad sind keine Seltenheit.

Wo es kracht und brodelt

Auf der Erde ist immer was los: Etwa 50 Mal im Jahr bricht irgendwo ein Vulkan aus! Eine Million Mal im Jahr bebt die Erde! Denn ihre äußerste Schicht – die Erdkruste – ist erstaunlich dünn. Du kannst sie dir so vorstellen: Sieben große und viele kleine Platten „schwimmen" auf dem zähflüssigen Erdmantel, sie sind immer in Bewegung. Manche treiben aufeinander zu, andere voneinander weg, manche schrammen aneinander vorbei. Dabei kracht's und brodelt's – vor allem an den Plattenrändern – gewaltig.

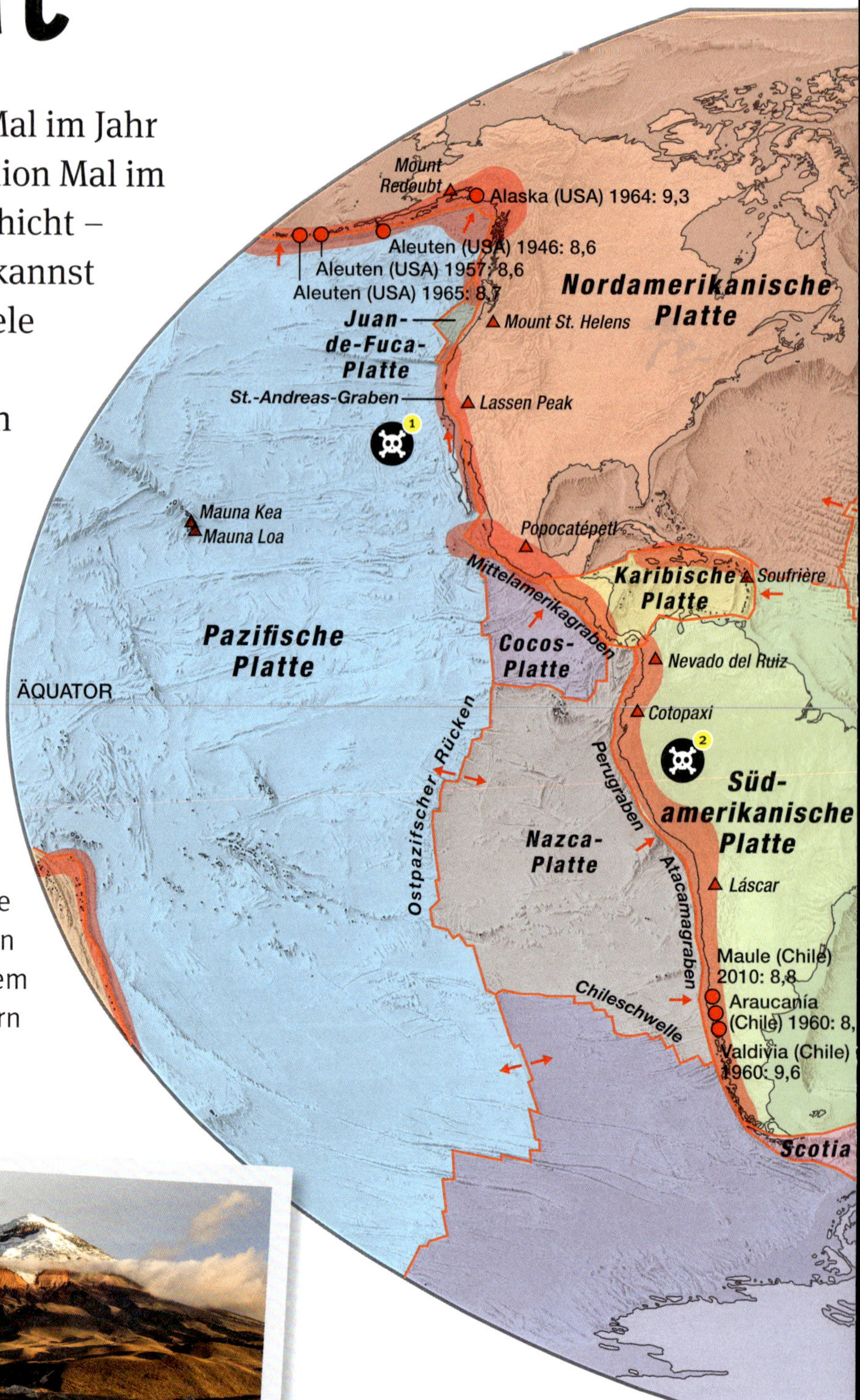

Stoßen zwei Erdplatten aneinander, kann es zu Erdbeben kommen. Der **Sankt-Andreas-Graben** an der Westküste der USA ist so ein Gebiet. Die Pazifische und die Nordamerikanische Platte reiben hier aneinander. Verhaken sie sich, dann baut sich Spannung auf – und die entlädt sich in einem Erdbeben. So wie 1906, als San Francisco in Trümmern lag und mindestens 3000 Menschen starben.

Der Sankt-Andreas-Graben in Kalifornien.

Der aktive Vulkan Cotopaxi in Ecuador ist Teil des Pazifischen Feuerrings.

Der Pazifische Feuerring ist wie ein Hufeisen geformt und 40 000 Kilometer lang. Er verläuft entlang der Küsten des Pazifischen Ozeans von Alaska bis Südamerika und von Neuseeland bis zur russischen Halbinsel Kamtschatka. Da verschiedene Erdplatten aufeinandertreffen, gibt es hier besonders viele aktive Vulkane und schwere Erdbeben.

Der Ol Doinyo Lengai ist ein Vulkan im Großen Afrikanischen Grabenbruch.

Unter der Afrikanischen Platte stieg vor Millionen von Jahren eine gewaltige Menge Lava nach oben. Durch den Druck im Erdinneren entstanden Risse – Magma trat aus und veränderte den Osten Afrikas dramatisch. Es entstand ein etwa 6000 Kilometer langer, riesiger Riss in der Erdkruste: der **Große Afrikanische Grabenbruch** mit seinen Gebirgen, Seen und Vulkanen.

Das höchste Gebirge der Welt, der **Himalaja,** entstand, weil die Indische und die Eurasische Platte vor Urzeiten zusammenprallten.

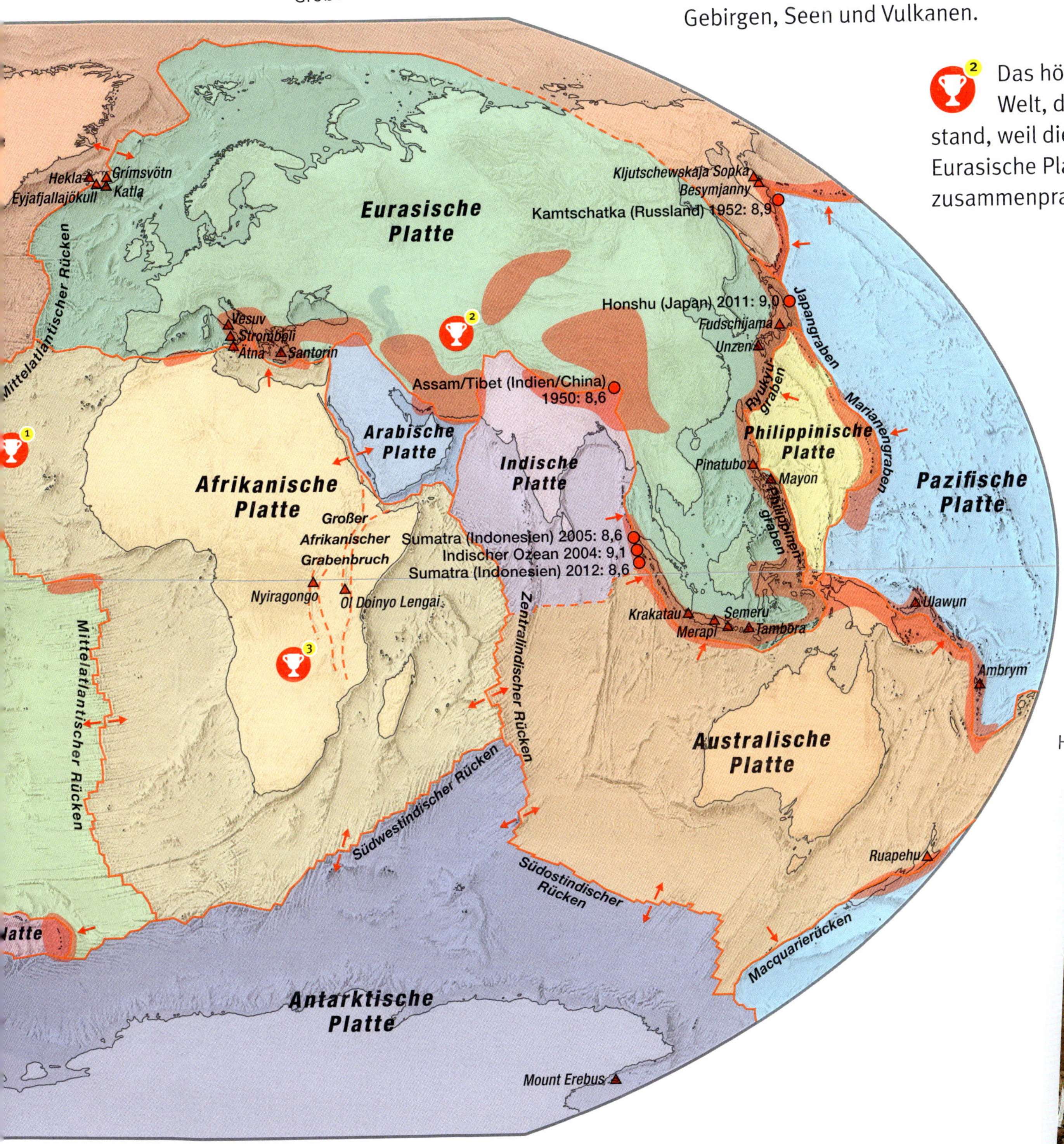

Plattengrenze
vermutete Plattengrenze
Plattenbewegungen
wichtiger Vulkan
stärkste Erdbeben seit 1900
Gebiet mit häufigen starken Erdbeben

Himalaja, Nepal

Das längste Gebirge der Erde liegt auf dem Meeresgrund. **Der Mittelatlantische Rücken** ist 20 000 Kilometer lang. Unter ihm driften zwei Erdplatten auseinander. Geschmolzenes Gestein steigt aus dem Erdinneren auf, erstarrt bei der Berührung mit Wasser und türmt sich als Gebirge auf. Island ist Teil des Mittelatlantischen Rückens, der dort über die Wasseroberfläche herausschaut.

Was ist Europa?

Europa ist ein Erdteil mit faszinierender Geschichte, toller Natur und vielen wilden Tieren: In Griechenland wurde einst die Demokratie erfunden. Im äußersten Norden Europas, in Spitzbergen, leben sogar Eisbären und fühlen sich bei minus 40 Grad wohl. 4 000 Kilometer weiter im Süden liegt die Tabernas-Wüste in Spanien. In Polen gibt es einen Urwald, in dem die größten Tiere Europas leben, die Wisente, das sind wilde Rinder. Komm mit auf eine Reise voller Überraschungen!

In Athen wurde vor mehr als 2000 Jahren die Demokratie erfunden.

Europa in der Welt

Wusstest du, dass es Gebiete gibt, die politisch zu Europa gehören, geografisch jedoch weit weg liegen, etwa in Amerika, Asien oder Afrika? Zum Beispiel die paradiesischen Turks- und Caicos-Inseln in der Karibik! Sie sind britisches Überseegebiet. Oder Französisch-Guayana: Das Land liegt in Südamerika, ist aber eine Region Frankreichs und somit Teil der Europäischen Union.

↓

Obwohl die Insel Réunion im Indischen Ozean liegt, gehört sie politisch zu Frankreich.

Wisente sind mit dem nordamerikanischen Bison verwandt.

Eisbär auf Spitzbergen

Mini-Kontinent

Europa ist mit einer Fläche von 10,5 Millionen Quadratkilometern der zweitkleinste Erdteil. Hier leben aber sehr viele Menschen. Mit mehr als 700 Millionen Einwohnern ist Europa sehr dicht besiedelt. Auf der kleinen Fläche drängeln sich etwa 50 Länder, in denen über 150 Sprachen gesprochen werden.

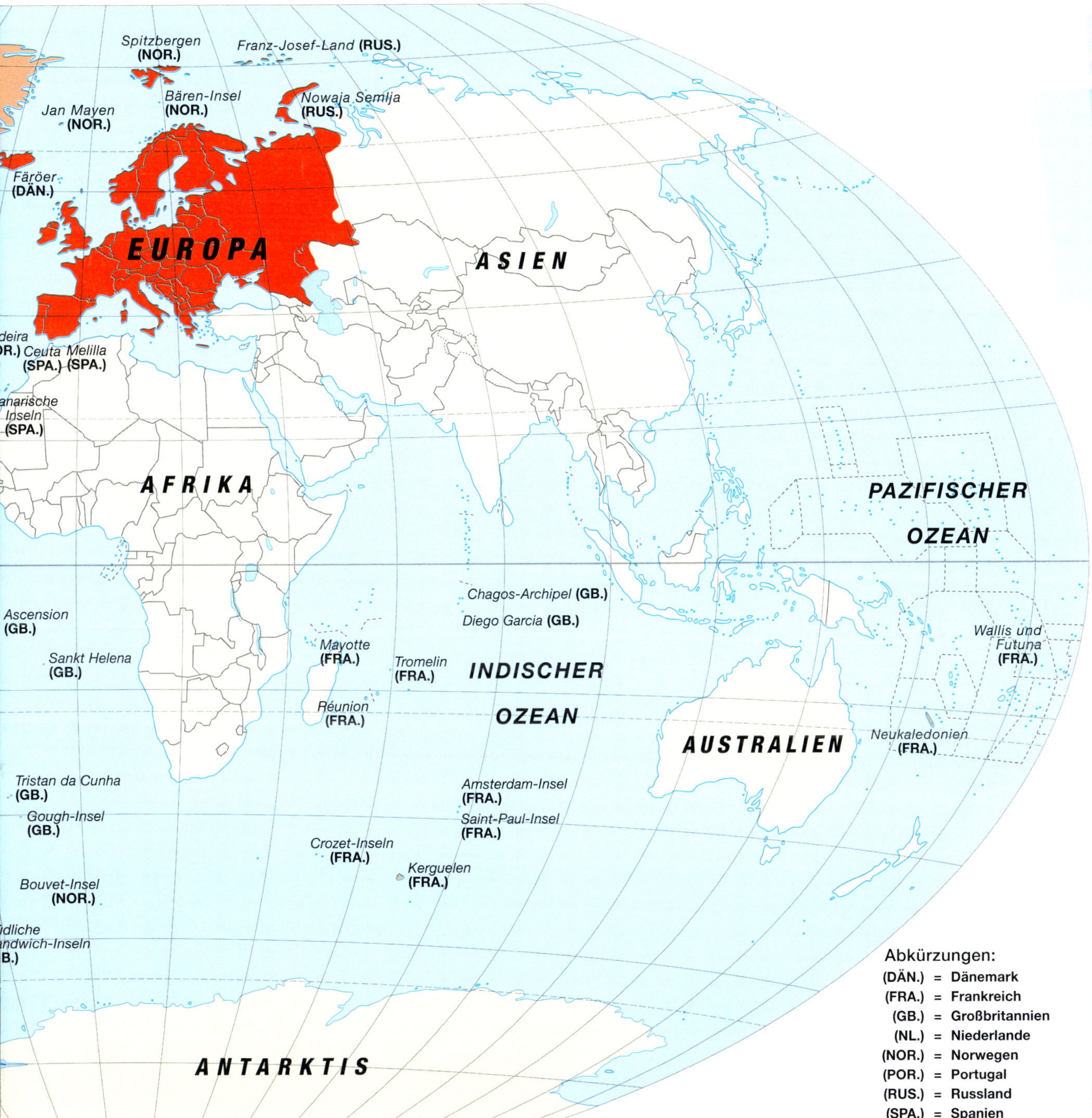

Tabernas-Wüste, Spanien

Europäisch-asiatischer Grenzstein, Ural

Wo Europa anfängt – und aufhört!

Europa wird durch Ozeane von anderen Kontinenten getrennt: im Norden, Westen und Süden vom Atlantik und vom Mittelmeer. Nur im Osten bilden zwei Gebirgsketten, der Ural und der Kaukasus, die Grenze. Das Wort Kontinent stammt übrigens aus dem Lateinischen und bedeutet: „Land, das zusammenhängt". Somit ist Europa genau genommen gar kein eigener Kontinent, sondern ein Erdteil oder Subkontinent, der an Asien hängt. Er wird darum auch als eurasischer Kontinent bezeichnet.

Die Europäische Union

Die Europäische Union (EU) ist ein Zusammenschluss europäischer Staaten, die gemeinsame politische Ziele verfolgen und wirtschaftlich eng zusammenarbeiten. Die Europäische Union hat keinen richtigen Chef und auch keine Hauptstadt. Um trotzdem die gemeinsamen europäischen Ziele zu erreichen, gibt es viele Institutionen, die über Europa verstreut sind und die über Gesetze beraten und Beschlüsse fassen.

Wer kommt rein? Von den 46 europäischen Staaten sind nur 27 Länder Mitglied der Europäischen Union (hier blau eingezeichnet). Doch dürfen sich alle europäischen Staaten um eine Mitgliedschaft bewerben. Um aufgenommen zu werden, müssen sie aber einige Voraussetzungen erfüllen.

Wer will gar nicht rein? Es gibt auch Länder, die der EU beitreten könnten, aber nicht wollen, etwa die Schweiz. Sie hatte 1992 einen Beitrittsantrag gestellt, aber die Mehrheit der Bevölkerung lehnte den Beitritt ab.

Die EU und du!
Wer in einem Land der Europäischen Union lebt, kann innerhalb der EU reisen, ohne ein Visum zu beantragen, und meist ohne kontrolliert zu werden über die Grenzen der anderen europäischen Länder fahren. Auch Geld wechseln ist in den meisten EU-Ländern nicht mehr nötig, denn du kannst die Pizza im Restaurant in 20 Mitgliedsstaaten der EU in Euro bezahlen. Einige EU-Länder haben noch ihre eigene Währung. Zum Beispiel Schweden, dort bezahlen die Menschen mit der Schwedischen Krone.

← **Die EU-Fahne:** Auf der Flagge der Vereinigten Staaten von Amerika sind 50 Sterne zu sehen, für jeden Bundesstaat einen. Doch warum hat die Fahne der Europäischen Union nur zwölf Sterne – bei 27 Mitgliedsstaaten? Die Zahl zwölf ist eine symbolische Zahl: Das Jahr hat zwölf Monate, die Uhr zwölf Stunden, in der griechischen Mythologie gibt es zwölf Götter, der Tierkreis hat zwölf Zeichen. Die Zahl zwölf steht für Vollkommenheit und Vollständigkeit.

Europäischer Gerichtshof (Luxemburg): Er ist das höchste Gericht der EU.

Europäischer Rat (Brüssel): Vierteljährlich treffen sich die Regierungschefs der EU-Länder.

Das Hauptquartier des **Europäischen Parlaments** ist in Straßburg, aber die gewählten Vertreter der Länder, die Parlamentarier, tagen auch manchmal in Brüssel.

Rat der Europäischen Union (Brüssel): Treffen der Fachminister zu bestimmten Themen.

Europäische Zentralbank (Frankfurt): Das ist die gemeinsame Bank aller Staaten, die den Euro als Zahlungsmittel haben.

Europäische Kommission (Brüssel): Sie sorgt dafür, dass die Beschlüsse des EU-Ministerrats und des EU-Parlaments umgesetzt werden.

Der **Europäische Rechnungshof** (Luxemburg) verwaltet die gemeinsame Kasse der EU-Länder und prüft alle Einnahmen und Ausgaben.

Europa

Wusstest du, dass es in Europa ganz schön wild zugeht? Auf diesem dicht mit Menschen besiedelten Kontinent kannst du wilde Tiere entdecken: Braunbären durchstreifen die Pyrenäen in Spanien, Wölfe heulen in den Wäldern von Brandenburg in Deutschland und Rentiere ziehen durch Skandinavien.

1 Echt heiß! Nirgendwo sonst gibt es so viele heiße Quellen wie auf **Island**. Einige von ihnen brechen als Geysire von Zeit zu Zeit aus. Dabei spritzt ein Strahl heißes Wasser mehrere Meter hoch in die Luft. ↗

Watt'n datt? Das **Watt** an der Nordseeküste von Deutschland, Dänemark und den Niederlanden ist eine einzigartige Naturlandschaft: einmal Land, einmal Meer, je nachdem, ob Ebbe oder Flut herrscht. Du kannst hier etwa 10 000 Tier- und Pflanzenarten entdecken.

↓

↑ Die Südspitze von Spanien ist nur 14 Kilometer von Afrika entfernt.

ZUM KNOBELN!

1. Wo kannst du wertvolle Bernsteine finden?
2. Wie heißen die sieben großen Gebirge in Europa?
3. In welches Gewässer mündet die Wolga?

← Spuckender Berg! Der **Ätna** auf der italienischen Insel Sizilien ist mit etwa 3300 Metern der höchste Vulkan in Europa. Er ist auch der einzige, der noch regelmäßig Asche und glühende Lava ausstößt. Deshalb kann man seine Höhe nicht genau angeben, da diese sich mit jedem Ausbruch ändert.

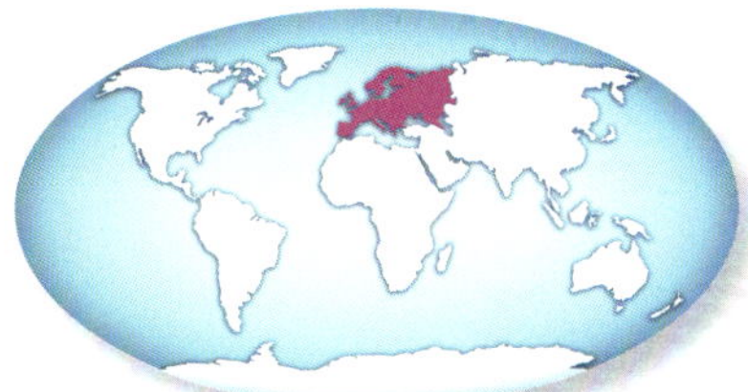

Das über 2400 Kilometer lange **Uralgebirge** in Russland trennt Europa von Asien. Obwohl die Landmassen zusammenhängen, gelten sie als zwei Kontinente.

Der längste Fluss Europas ist die **Wolga**. Sie fließt 3530 Kilometer durch ein einziges Land: Russland. Aufs Rekordtreppchen darf auch die **Donau**, sie ist der zweitlängste Fluss. Ihre Quellen liegen im Schwarzwald und auf ihrem 2850 Kilometer langen Weg zum Schwarzen Meer fließt sie durch insgesamt zehn Länder.

↘ Wolga

Donau

An der **Ostseeküste** findest du Bernstein. Das ist das Harz von Nadelwäldern, die vor Jahrmillionen wuchsen. Flüsse trugen das Harz ins Meer, wo es auf den Grund sank. Im Laufe der Zeit wurde es von Sand, Staub und Steinen bedeckt. Unter Luftabschluss bildete sich Bernstein. In manchen Exemplaren sind Insekten oder Pflanzen eingeschlossen.

Wo steht der höchste Berg? Auf diese Frage gibt es zwei Antworten. Wenn man das Kaukasus-Gebirge noch zu Europa zählt, gewinnt der **Elbrus** in Russland, er ist 5642 Meter hoch. Wer diesen Berg jedoch Asien zurechnet, bekommt eine andere Antwort: Dann ist der **Mont Blanc** in den Alpen mit 4810 Metern der Sieger. →

Elbrus

Mont Blanc

Europa

Was verbindet dich mit einem Jungen, der auf einer griechischen Insel wohnt, und einem Mädchen aus London? Ihr alle seid Europäer auch wenn ihr ganz unterschiedliche Sprachen sprecht und weit weg voneinander lebt.

Wirf die Wurst: Im Hochland von **Schottland** spielen die Leute verrückte Spiele, etwa Baumstammwerfen und Haggis-Schleudern. Haggis ist ein schottisches Gericht, eine Mischung aus Hafer und Innereien, die in einen Schafsmagen gefüllt wird. Es gewinnt, wer den Wurstsack am weitesten schleudert.

Alte Meister: Vier Jungs entdeckten vor mehr als 70 Jahren in einer Höhle in Südfrankreich uralte Malereien, die Bilder von Jagdszenen mit Rindern, Pferden und Hirschen zeigen. Diese inzwischen berühmten Malereien von **Lascaux** sind etwa 17 000 Jahre alt.

Petersdom

Echt winzig! **Vatikanstaat** ist das kleinste Land der Welt, es hat 1000 Einwohner und liegt mitten in der Stadt Rom. Chef des Mini-Landes ist der Papst. Man spricht Italienisch und Latein.

Länder und Leute

Länderanzahl: 46
Bevölkerung: 741 Millionen

Es ist das berühmteste **Riesenrad** der Welt: Das „London Eye“ ist 135 Meter hoch und eine der Attraktionen der Hauptstadt Großbritanniens. ←

Wie praktisch! Wenn du in Spanien deine Ferien verbringst, bezahlst du dein Eis einfach mit **Euro**. 20 Länder in Europa gehören inzwischen zur Euro-Zone. Sie alle haben diese Währung als Zahlungsmittel eingeführt. Doch nicht in allen Staaten der Europäischen Union kannst du mit Euro bezahlen.

↑ Finnen mögen’s heiß: In den skandinavischen Ländern ist es im Winter lange dunkel und kalt. Darum lieben es die Leute, in die **Sauna** zu gehen. In Finnland leben fünf Millionen Menschen, für die es zwei Millionen Schwitzhütten gibt.

Es war einmal ein rumänischer Fürst. Der hieß Vlad Tepes und lebte im 15. Jahrhundert. Weil er so grausam war, nannte man ihn „Vlad, den Pfähler“. Nach seinem Vorbild soll die Vampir-Legende **Graf Dracula** erschaffen worden sein. →

Die Blaue Moschee in Istanbul

↑ Halb Europa, halb Asien: **Istanbul** ist eine türkische Großstadt am Bosporus. Sie liegt zu einem Teil auf dem europäischen, zum anderen auf dem asiatischen Kontinent – das ist einzigartig! Istanbul wurde im Jahr 660 vor Christus gegründet.

Die **Akropolis**, der Burgberg von Athen, zählt mit ihren zahlreichen antiken Bauwerken zum Weltkulturerbe. ↓

Akropolis

Nordeuropa

Magst du raue Natur und schroffe Küsten? Dann wirst du die Länder lieben, die weit im Westen und hoch im Norden Europas liegen. Du kannst dort tolle Naturschauspiele erleben, etwa die Mittsommernacht in Schweden.

Die coolste Lichterschau der Welt: Jenseits des nördlichen Polarkreises kannst du im Winter ein faszinierendes Naturschauspiel beobachten: **die Polarlichter.** Diese roten, grünen und blauen Lichtschleier entstehen durch winzige Sonnenteilchen. Wenn die elektrisch geladenen Partikel zur Erde gelangen, reagieren sie mit Luft und leuchten.

Irland ist eine **geteilte Insel:** Der größere Teil gehört zur „Republik Irland". Die meisten Menschen dort sind katholisch. Nordirland dagegen ist Teil des „Vereinigten Königreichs von Großbritannien und Nordirland". Die meisten Leute sind protestantisch. Wegen der unterschiedlichen Religion gab es jahrzehntelang Krieg. Seit 1998 herrscht Waffenstillstand.

Irland wird auch die **grüne Insel** genannt. Zu Recht, denn dort gibt es saftige Wiesen mit Millionen von Schafen, dazu lange Strände und hohe Klippen. Ein wunderschönes Land.

Der Golfstrom, eine Heizung für Nordeuropa! Der Golfstrom ist eine der größten und schnellsten Meeresströmungen der Erde – und er ist besonders warm. Ohne ihn und seine Ausläufer wären die Häfen in Norwegen, Schweden, Großbritannien und Nordirland vermutlich im Winter zugefroren.

Wilde Bande: Die Vorfahren der heutigen Dänen, Schweden und Norweger waren geniale Seefahrer und Händler: **die Wikinger**. Mit ihren wendigen Drachenbooten eroberten sie viele Länder. Diese kühnen Abenteurer erreichten sogar den amerikanischen Kontinent, lange vor Christoph Kolumbus.

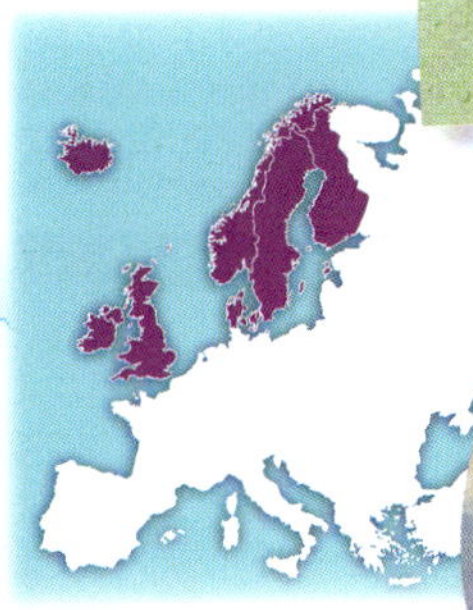

Ans Meer und in die Berge – gleichzeitig! In Norwegen und Island gibt es unzählige Fjorde – tief eingeschnittene Meeresarme, die an drei Seiten von Festland umgeben sind. Hier kannst du im Winter mit den Skiern bis ans Meer wedeln.

Zur Feier des Sommers! Jedes Jahr am 21. Juni feiern die Schweden am längsten Tag des Jahres das Mittsommerfest. Jenseits des 60. Breitengrades, zum Beispiel am Nordkap, geht die Sonne an diesem Tag nicht unter und es ist quasi auch nachts so hell wie am Tag.

ZUM KNOBELN!

1. Wie heißen diese Inseln und zu welchem Land gehören sie?
2. Wie heißt die nördlichste Hauptstadt Europas und der Welt?
3. Wie viele Millionenstädte, neben London, gibt es im Vereinigten Königreich?

Großbritannien, Irland und Island

Zu Großbritannien gehören England, Schottland, Wales und Nordirland. Die Republik Irland ist nicht Teil von Großbritannien – sie ist ein eigenständiger Staat. Ebenso Island, eine Vulkaninsel, die im Norden Europas mitten im Atlantischen Ozean liegt. Dort leben nur etwa 350 000 Menschen.

Wo ist Nessie? Loch Ness ist ein wunderschöner See im schottischen Hochland. Allerdings reisen viele Touristen nicht wegen der tollen Natur dorthin. Sie kommen, um Nessie zu entdecken. So wird das „Ungeheuer von Loch Ness“ liebevoll genannt. Doch gibt es das schlangenähnliche Monster wirklich? Ungewiss. Forscher konnten bislang noch keine Beweise für seine Existenz finden.

→

[1] **Damm des Riesen?** Giant’s Causeway bedeutet auf Deutsch „Damm des Riesen“. Der Legende nach hat ein Riese an der Küste Nordirlands einen Damm gebaut, um trockenen Fußes von Irland nach Schottland gehen zu können. In Wirklichkeit sind die bizarren Felsformationen vulkanischen Ursprungs.

↓

↑

Pferdchen lauf Galopp ... und Pass und Tölt! Auf Island leben ganz besondere Pferde: **Islandpferde**. Sie kamen vor über 1 000 Jahren mit den Wikingern auf die Insel. Die stämmigen Rösser beherrschen nicht nur die Gangarten Schritt, Trab und Galopp, sie können sogar noch einen vierten und fünften Gang „einschalten“: Pass und Tölt! Vor allem Tölt ist für Reiter bequem und das ist im unwegsamen Island wichtig.

Burg Caerphilly

↑

[1] **Burgen wie Sand am Meer:** Magst du Ritter, Prinzessinnen und alte Gemäuer? Dann bist du in Wales richtig. Hier gibt es mehr Burgen pro Quadratkilometer als in jedem anderen Land der Welt.

↑

[2] **Längster Ortsnamen Europas!** Das Dörfchen Llanfairpwllgwyngyllgogerychwyrndrobwllllantysiliogogogoch liegt im Nordwesten von Wales und hat 3 000 Einwohner. Übersetzt bedeutet der Name „Marienkirche am Teich der weißen Haselsträucher nahe dem reißenden Strudel an der roten Höhle der Kirche St. Tysilio“.

Gammel-Hai: Schon klar, Fisch ist gesund! Und für die Isländer ist Fisch eine wichtige Eiweißquelle. Aber wenn du mal nach Island reist, bekommst du vielleicht **Hákarl** vorgesetzt: Gammelhai.

Groß, größer, London! Eine der größten Städte Europas heißt London. In der Hauptstadt von Großbritannien leben fast neun Millionen Menschen.

Rätsel aus Stein: Der geheimnisvolle Steinkreis von **Stonehenge** gibt Forschern Rätsel auf. Die Anlage aus Sand- und Basaltsteinen liegt in der Nähe der Stadt Salisbury im Süden Englands und wurde vor mehr als 4500 Jahren errichtet. Wer waren die Erbauer? Diente der geheimnisvolle Ort als Friedhof? Als Sternwarte? Bis heute ist das Geheimnis der „hängenden Steine" nicht vollständig gelöst.

Finnland, Norwegen, Schweden, Dänemark

Skandinavien ist ein Teil von Nordeuropa, zu dem die Länder gehören, die du auf dieser Karte siehst. Dieses Gebiet ist ein Paradies für Wildtiere: etwa für Braunbären in Finnland oder für Elche in Schweden.

1 **Korallen im eisigen Meerwasser:** Norwegen lockt viele Naturliebhaber an: Berge, Fjorde und viel Platz in den Wäldern für Moschusochsen und Rentiere. Aber auch im Wasser leben faszinierende Lebewesen, etwa Kaltwasserkorallen. Die Korallenriffe vor Norwegen sind viele Hundert Meter tief und erinnern an gigantische Blumenfelder. Doch Korallen sind keine Pflanzen, sondern Tiere, die den Meeresgrund bevölkern. →

2 **Das Meistgeklaute:** Das Wahrzeichen von Schweden ist der Elch. Wer in Schweden mit dem Auto unterwegs ist, sieht häufig ein Verkehrsschild, das „Vorsicht, Elch" bedeutet. Viele Touristen finden das Schild so toll, dass sie es abschrauben und als Erinnerung mit nach Hause nehmen. Es ist das wohl meistgeklaute Mitbringsel der Welt.

←

← **Mehr als eine Stulle!** „Smörrebröd" ist dänisch und heißt übersetzt Butterbrot. Ursprünglich hatten Feldarbeiter diese Mahlzeit als Proviant dabei. Inzwischen ist es in der dänischen Hauptstadt Kopenhagen hip, Smörrebröd zu Mittag zu essen. Bei diesen Stullen spielt das Brot die Nebenrolle, die Hauptrolle übernimmt der üppige Belag: Lachs, Hering, Ei, Schinken, Kaviar, Zwiebeln ...

Ein Hotel, das taut: In Jukkasjärvi im Norden von Schweden, etwa 200 Kilometer nördlich des Polarkreises, liegt eine der coolsten Herbergen der Welt: **ein Eishotel**. Es wird jedes Jahr im Frühwinter aus Tonnen von Eis errichtet. Du kannst dort in einem der 60 Zimmer übernachten, auf einem Rentierfell liegend, eingemummelt in einen warmen Schlafsack. Im Frühling schmilzt das Hotel dann einfach wieder weg.

Cooles Drachenzimmer im Eishotel

Die Samen und die Rentierzucht: Im Norden Skandinaviens, in Lappland, wohnt das Volk der Samen. Einige der 200 000 Samen wandern noch wie ihre Vorfahren mit Rentieren umher. Doch die meisten sind sesshaft und üben andere Berufe aus. Früher wurden die Samen von anderen Menschen oft etwas abschätzig als Lappen bezeichnet. Sie selbst nennen sich Sámi, das bedeutet „Sumpfleute".

Schlittschuhe aus Tierknochen: Vermutlich sind Schlittschuhe nirgendwo so hilfreich wie in Finnland. Denn in diesem skandinavischen Land gibt es mehr Seen als in jedem anderen europäischen Land. Diese sind in den kalten Wintern meist zugefroren. Logisch, dass man da mit Schlittschuhen schneller vorankommt. Das haben sich die Vorfahren der heutigen Finnen auch gedacht – und vor etwa 5000 Jahren die ersten Schlittschuhe aus Tierknochen gebastelt.

Mitteleuropa

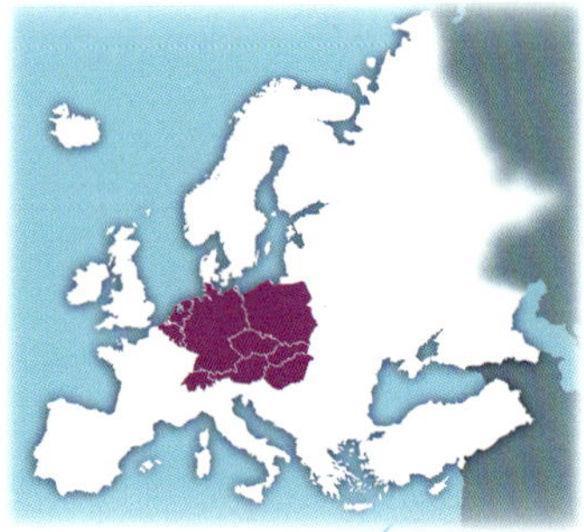

Mitteleuropa reicht vom flachen Wattenmeer im Norden bis zu den Alpen im Süden, von den Ardennen im Westen bis zur Hohen Tatra im Osten. Die elf Länder dieser Region liegen – wie der Name es sagt – mitten in Europa.

Fietsen-Freunde: Die Niederlande sind flach wie ein Pfannkuchen. Kein Wunder, dass die Menschen hier **leidenschaftliche Radfahrer** sind. Jeder Niederländer besitzt mindestens ein Fahrrad und es gibt in diesem Land zweimal so viele Fietsen (Deutsch: Fahrräder) wie Autos.

Holland? Gibt es gar nicht!
Viele Leute sagen zu unserem Nachbarland, das im Nordwesten liegt, einfach „Holland". Aber Holland ist nur ein Teil der Niederlande, wie der Staat offiziell heißt.

Wer spricht hier Belgisch? In Belgien gibt es drei Amtssprachen – doch keine heißt „Belgisch". Im Norden spricht man Niederländisch, im Süden Französisch und an der Grenze zu Deutschland Deutsch.

Klein, aber international: Luxemburg ist riesig im Vergleich zu Liechtenstein – der Mini-Staat weiter im Süden würde 16 Mal hineinpassen. Luxemburg hat etwa 600 000 Einwohner – so viele wie Dortmund. Die Menschen kommen aus 150 Nationen.

Klein, aber fein: Liechtenstein ist so klein, dass du das Land in zwei Stunden zu Fuß durchqueren kannst. Denn es ist nirgendwo breiter als zwölf Kilometer. Die Hauptstadt des Zwergstaates heißt Vaduz.

Schloss Vaduz

Am meisten Menschen: Deutschland ist mit über 82 Millionen Einwohnern das bevölkerungsreichste Land der Europäischen Union. Auch was die Anzahl der Gartenzwerge betrifft, ist Deutschland spitze: 25 Millionen der kleinen Wichte gibt es. Durchschnittlich hat jeder Vierte einen Gartenzwerg.

Paradies für Zugvögel: In Polen brüten mehr Zugvögel als in jedem anderen europäischen Land. Das Land ist ein Paradies für Kampfläufer, Störche und Kraniche. Sie finden viel Futter, zum Beispiel entlang des Flusses Biebrza, in den Masuren und an der Ostsee.

Aus eins mach zwei! Die Länder Tschechische Republik und die Slowakei sind noch ganz jung. Sie wurden erst im Jahr 1993 unabhängig. Davor bildeten sie die Tschechoslowakei.

Untendurch: Die 1869 eröffnete **Untergrundbahn in Budapest** ist die älteste auf dem europäischen Festland. Älter ist nur die Londoner U-Bahn, über deren Gleise erstmals 1863 ein Zug rollte.

ZUM KNOBELN!

1. Wie heißt das kleinste Land Mitteleuropas?
2. Nenne die Hauptstadt der Slowakei!
3. Wie viele Länder Mitteleuropas haben keinen Zugang zu einem Meer?

Neutrale Schweiz: Die Schweiz ist bekannt dafür, politisch neutral zu sein. Sie beteiligte sich weder am Ersten noch am Zweiten Weltkrieg. Auf ihre Neutralität sind die Schweizer stolz. Sie sind deshalb weder Mitglied in der Europäischen Union noch in der NATO.

Benelux

Belgien, die Niederlande und Luxemburg nennt man auch abgekürzt Be-Ne-Lux-Staaten, weil sie so eng zusammenarbeiten. Die Küstenbereiche von Belgien und den Niederlanden sind sehr flach, einige Gebiete liegen sogar unter dem Meeresspiegel. Im Süden von Belgien erstrecken sich die Ardennen, ein Mittelgebirge. Sie reichen bis in das zweitkleinste Land der EU hinein: Luxemburg.

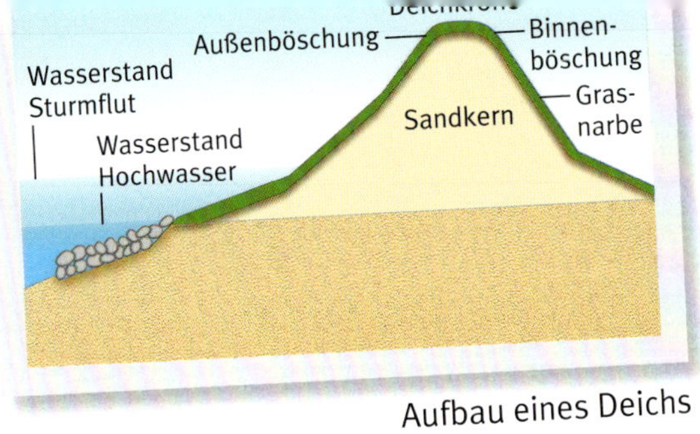

Aufbau eines Deichs

↑

Trockene Füße? Gut, dass 3 000 Kilometer lange Deiche die Niederlande vor dem Wasser der Nordsee schützen. Denn ein Viertel des Landes liegt unterhalb des Meeresspiegels.

Comic auf einer Brüsseler Hauswand

↑

In Belgien sind viele **Comicfiguren** zu Hause: Tim und Struppi, Lucky Luke und die Schlümpfe wurden dort erdacht. In der Hauptstadt Brüssel kannst du sogar die Fachrichtung „Comic“ an der Kunsthochschule studieren.

Wo ist ein pinkelnder Junge ein Held? In der belgischen Hauptstadt Brüssel. **„Manneken Pis“** steht pieselnd auf einem Brunnen. Der 61 Zentimeter kleine Knabe aus Bronze wird zu besonderen Anlässen sogar verkleidet. →

Wo kommen die Pommes her?

Darüber streiten Franzosen und Belgier schon lange. „Pommes de terres frites“ bedeutet so viel wie „gebackene Erdäpfel“. Inzwischen ist man sich einig, dass die Pommes von den Belgiern erfunden wurden. Gerne essen sie Muscheln dazu. Dieses Gericht heißt „Moules-Frites“.

Tulpen-Fieber! Tulpen stammen ursprünglich aus Persien und kamen im 16. Jahrhundert über die Türkei in die Niederlande. Die Blumen wurden schnell sehr beliebt. Mit ihnen wurde gehandelt und spekuliert wie heute mit Aktien. Dann stürzten die Tulpenpreise ab und lösten eine Finanzkrise aus. Heute sind die Niederländer immer noch verrückt nach Tulpen. Etwa drei Milliarden werden jedes Jahr dort produziert.

Klompen an den Füßen: Früher trugen viele Landarbeiter in den Niederlanden Klompen (deutsch: Holzschuhe). Sie hielten die Füße auch auf dem feuchten Acker warm und trocken. Heute sind Clogs auch bei der Jugend in der Stadt beliebt.

Eine Stadt auf Pfählen: Amsterdam steht auf 11 Millionen Holzpfählen. Die Bohlen sind in einer sandigen Schicht fixiert, die im Durchschnitt elf Meter tief ist. Die Altstadt wird von 165 Kanälen, den Grachten, durchzogen. Entlang der Grachten stehen viele schmale Handelshäuser.

Burgen und Schlösser! Das kleine Land Luxemburg ist berühmt für seine Burgen und Schlösser. Die Festung Luxemburg thront über der Altstadt. Sie ist eine der bekanntesten Wehranlagen der Welt und gehört zum Weltkulturerbe der UNESCO. In den 23 Kilometer langen Geheimgängen kannst du herumstromern.

Hier herrscht der Herzog: Luxemburg ist das einzige Großherzogtum der Welt. Dort regiert nicht etwa ein König oder eine Königin, sondern ein Herzog. Der darf aber nicht alles allein entscheiden, sondern muss sich an die Gesetze halten, die von den gewählten Politikern des Landes gemacht wurden.

Deutschland

Deutschland liegt mitten in Europa. Von den Ufern der Nord- und Ostsee reicht es bis zu den Alpen im Süden. Dazwischen gibt es viel zu entdecken!

1 Der **längste Fluss** Deutschlands ist der Rhein. Auf 865 Kilometern schlängelt er sich durch Baden-Württemberg, Rheinland-Pfalz und Nordrhein-Westfalen. Von der Quelle in der Schweiz bis zur Mündung in die Nordsee in Rotterdam (Niederlande) ist er etwa 1239 Kilometer lang.

2 **Schweinswale** tummeln sich in den Küstengewässern von Nord- und Ostsee. Die Säugetiere, die Delfinen ähnlich sehen, ernähren sich von kleineren Fischen und Krebstieren. Und davon fressen sie eine ganze Menge: bis zu 500 Beutetiere oder fünf Kilo am Tag.

2 Mit 926 Quadratkilometern ist Rügen die **größte Insel** Deutschlands. In Grönland, die größte Insel der Welt, würde Rügen über 2300 Mal hineinpassen.

1 Der **Biber** ist ein ausgebuffter Architekt: Er fällt Bäume, baut Burgen und staut Bäche. Einst beinahe ausgerottet, breitet sich das **größte europäische Nagetier** heute in Deutschland wieder aus.

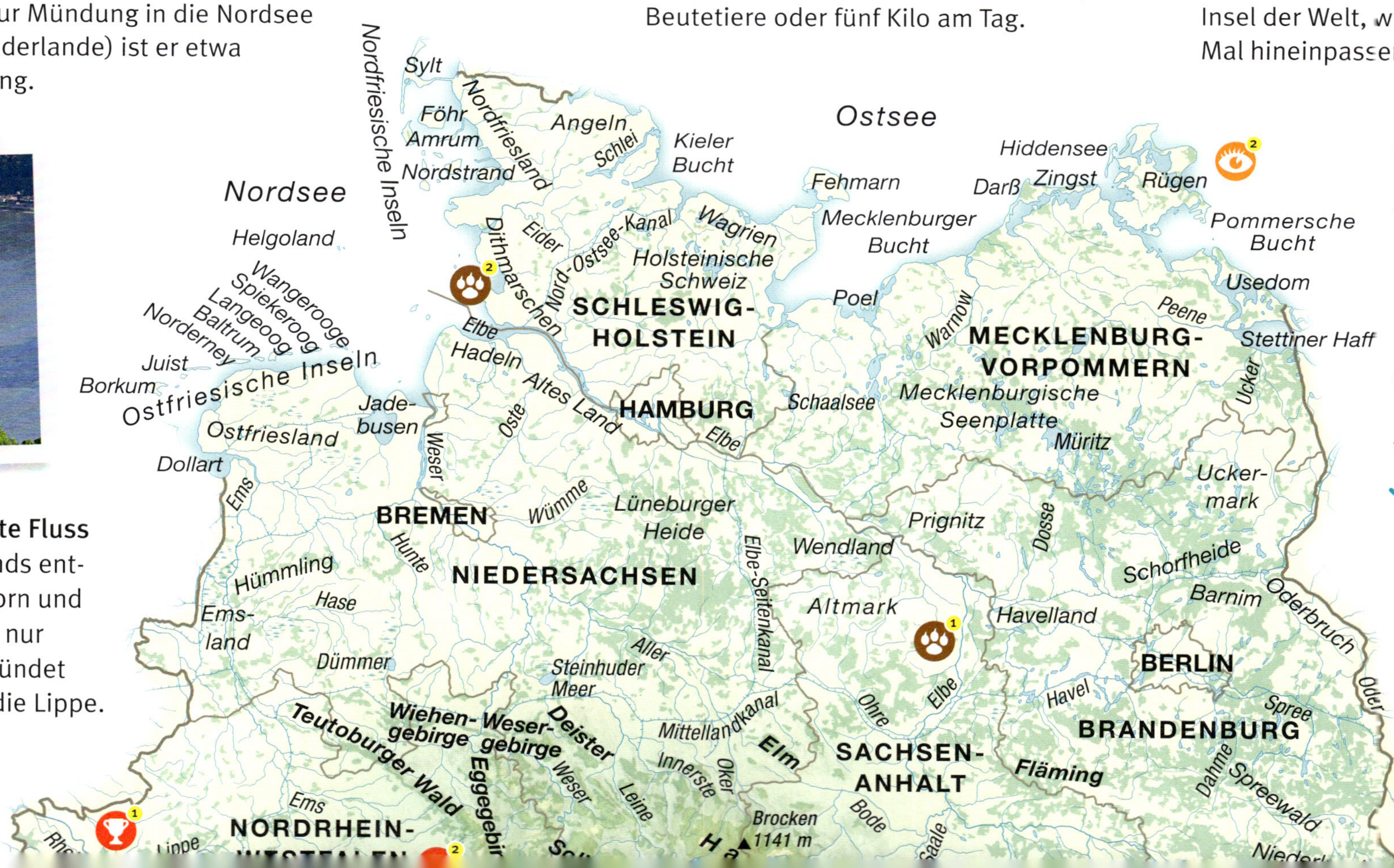

2 Der **kürzeste Fluss** Deutschlands entspringt in Paderborn und heißt Pader. Nach nur vier Kilometern mündet das Flüsschen in die Lippe.

Paderquelle mit Denkmal

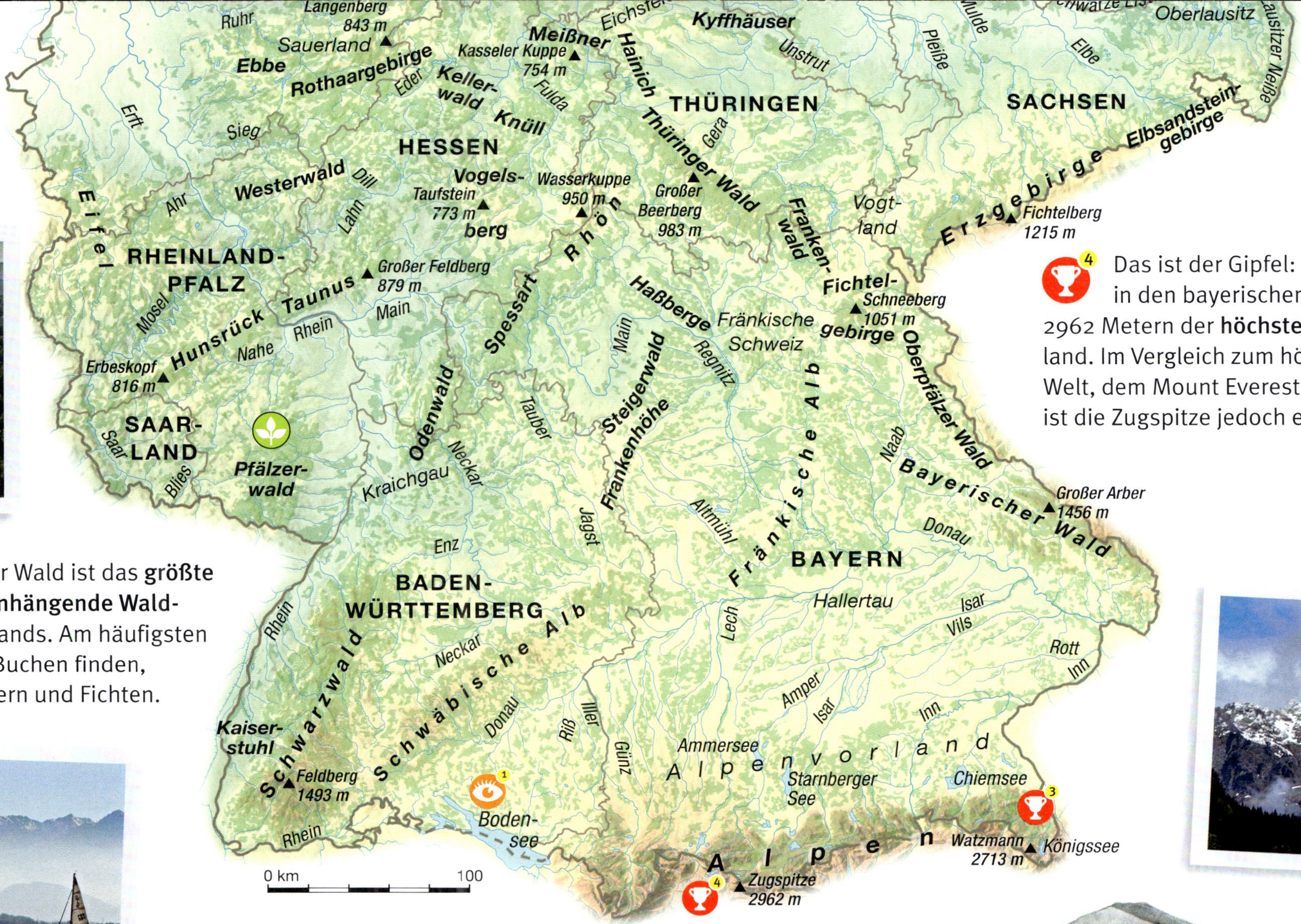

Der Pfälzer Wald ist das **größte zusammenhängende Waldgebiet** Deutschlands. Am häufigsten kannst du dort Buchen finden, gefolgt von Kiefern und Fichten.

Der Bodensee ist der **größte See** der Republik. Er ist bis zu 13 Kilometer breit, sein Ufer ist insgesamt 273 Kilometer lang. Man könnte also über sechs Marathonläufe mit je 42 Kilometern hintereinander rennen und würde erst dann wieder den Ausgangspunkt erreichen.

Das ist der Gipfel: Die Zugspitze in den bayerischen Alpen ist mit 2962 Metern der **höchste Berg** in Deutschland. Im Vergleich zum höchsten Gipfel der Welt, dem Mount Everest (8848 Meter), ist die Zugspitze jedoch ein Zwergberg.

Die **tiefste** und **längste Höhle** Deutschlands ist die Riesending-Höhle im Berchtesgadener Land: Sie ist über 1000 Meter tief und etwa 19 Kilometer lang. Den Namen hat sie von ihrem Entdecker Hermann Sommer. Als er sie 1996 fand, rief der Höhlenforscher: „Das ist ja ein Riesending!“

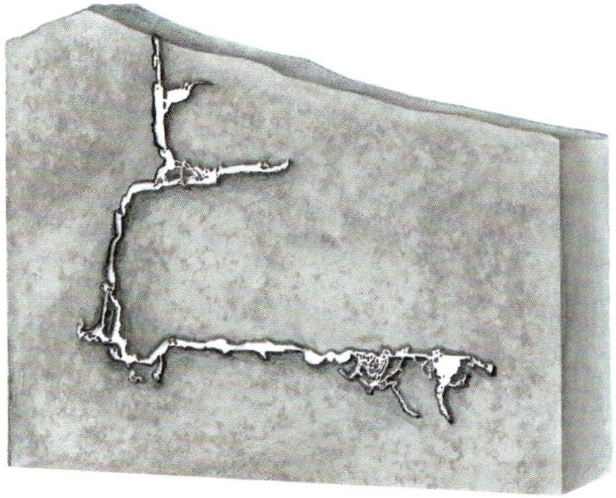

Deutschland

Deutschland ist ein Bundesstaat mit 16 Bundesländern. Die politische Macht ist aufgeteilt: zwischen der Bundesregierung, die vom Kanzler oder von der Kanzlerin angeführt wird, und den Regierungen der Bundesländer. Diese Art der Verteilung der Macht heißt Föderalismus. Die Bundesregierung entscheidet zum Beispiel über die Außenpolitik, für die Bildungspolitik dagegen ist jedes Bundesland selbst verantwortlich.

Der Stadtstaat Bremen ist mit knapp 420 Quadratkilometern das flächenmäßig **kleinste Bundesland.**

Im **Schloss Bellevue** arbeitet der **Bundespräsident.** Er ist zwar das Staatsoberhaupt, doch ist er längst nicht so mächtig wie die Bundeskanzlerin oder der Bundeskanzler. Er darf nicht regieren, unterschreibt aber jedes Gesetz und empfängt Staatsgäste aus aller Welt. Außerdem reist er selbst viel.

Die **Berliner Mauer** war lange Zeit eines der berühmtesten Bauwerke der Welt. Von 1961 bis 1989 trennte sie Westberlin von der Deutschen Demokratischen Republik. An der Gedenkstätte in der Bernauer Straße kannst du heute noch ein Stück Berliner Mauer anschauen.

Berliner Mauer, Gedenkstätte Bernauer Straße

Das **bevölkerungsreichste Bundesland** heißt Nordrhein-Westfalen. Von den rund 82 Millionen Deutschen leben knapp 18 Millionen dort. Pro Quadratkilometer sind das 515 Menschen. Zum Vergleich: **Am dünnsten besiedelt** ist Mecklenburg-Vorpommern mit 69 Einwohnern pro Quadratkilometer.

Im Saarland lernen viele Kinder schon in der Grundschule Französisch. An weiterführenden Schulen sagt fast die Hälfte aller Schüler „Oui" zur ersten **Fremdsprache Französisch.** Englisch lernen sie später natürlich auch.

Müller, Maier und Schulze zählen zu den **häufigsten Nachnamen** in Deutschland. Es gibt fast 700000 Müllers. Aber natürlich gibt es nur einen Top-Stürmer namens Thomas Müller!

Schön, schöner, Schwarzwald: Die Naturparks im Schwarzwald gehören zu den **beliebtesten Reisezielen** in Deutschland. Häufig besucht werden auch das Schloss Neuschwanstein, der Kölner Dom und die Loreley am Rhein.

Die Liebfrauenkirche in München

Bayern ist mit einer Fläche von 70550 Quadratkilometern **das größte** der 16 Bundesländer. Die Niederlande würden mit ihren 41500 Quadratkilometern fast zweimal hineinpassen.

Schwarzbrot, Roggenbrot, Laugengebäck; Deutschland ist Brot-Weltmeister. Die Deutschen kennen mindestens 300 Brotrezepte. Mehr Brotsorten gibt es in keinem anderen Land der Welt.

Berlin

Berlin, Hauptstadt und Stadtstaat, ist hip und bunt. Mit 3,6 Millionen Einwohnern aus 180 Ländern ist sie die größte und wahrscheinlich spannendste Stadt Deutschlands. Berlin ist voller Geschichte, Geschichten und Überraschungen.

2 Berlin liegt zwar nicht am Meer, in den zahlreichen **Strandbars** entlang der Spree kannst du dich trotzdem wie im Urlaub fühlen. Von der Museumsinsel bis zum Hauptbahnhof laden künstliche Sandstrände zum In-der-Sonne-Sitzen und Eisessen ein. →

1 Im **Reichstagsgebäude** → tagt der Deutsche Bundestag. Die Abgeordneten im Parlament entscheiden über neue Gesetze. Die gläserne Kuppel über dem Sitzungssaal kannst du besichtigen und von dort aus die Aussicht über das Regierungsviertel genießen.

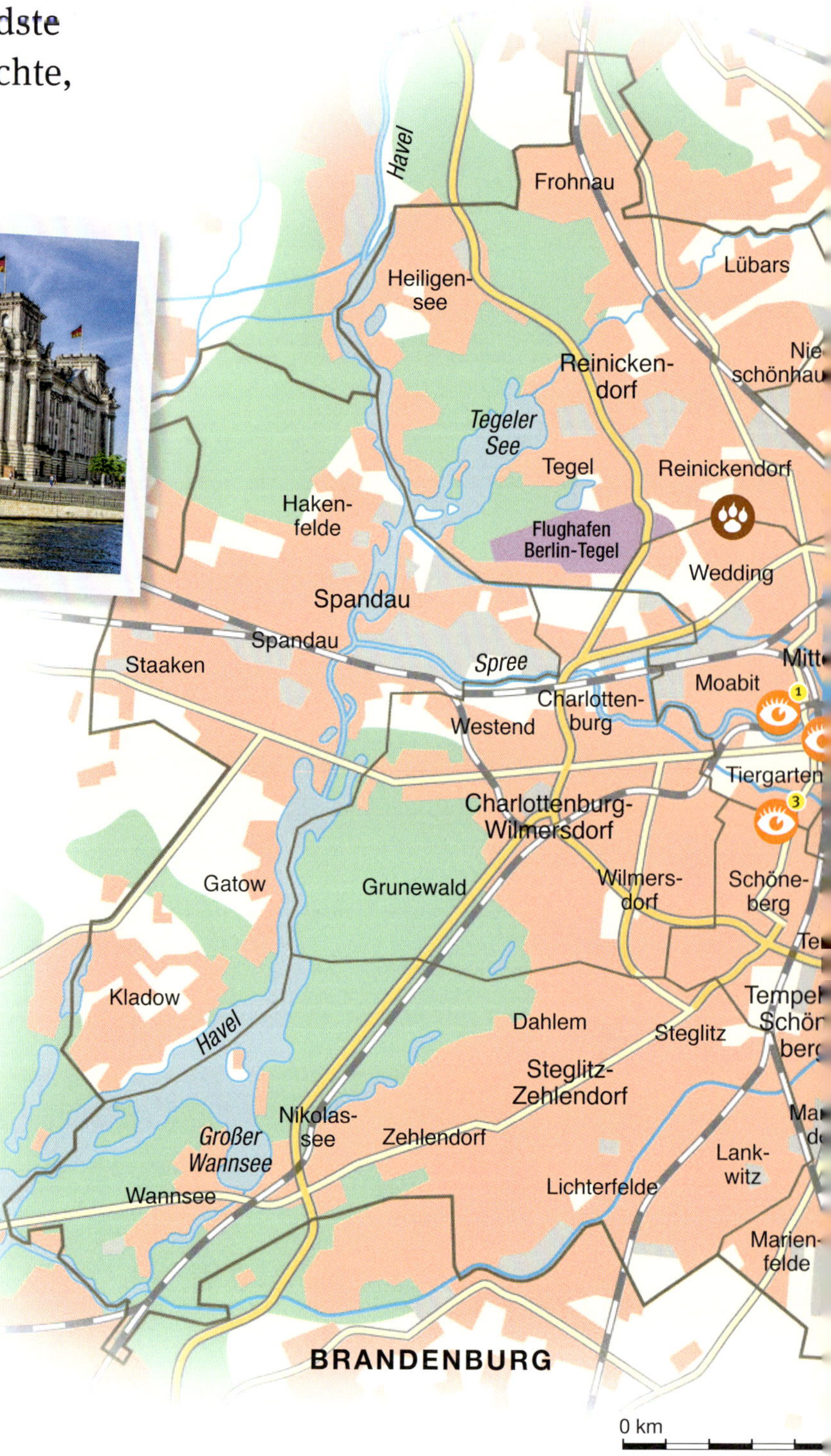

↑

2 Such mal in deiner Geldbörse nach einem 10-, 20- oder 50-Cent-Stück. Findest du eine Münze, die in Deutschland in Umlauf gebracht wurde, ist darauf das **Brandenburger Tor** abgebildet, das Wahrzeichen von Berlin. Als 1961 die Mauer gebaut wurde, lag das Tor mitten in der Sperrzone. Seit dem 22. Dezember 1989 kannst du wieder hindurchspazieren.

← 3 Mahnmal gegen das Vergessen: 2711 graue Betonblöcke ragen in Berlin Mitte aus dem Boden. Das ist das **Holocaust-Mahnmal**. Es erinnert an die sechs Millionen Juden, die von den Nazis zwischen 1933 und 1945 ermordet wurden. Das Mahnmal will den Besuchern sagen: „So etwas darf nie wieder passieren!"

„Ich finde dich toll“ heißt hier: „Ick find dir knorke.“

Fläche: 892 km²

Rekord: Artenreichster Zoo der Welt *Zoologischer Garten*

Mehmet Aygün gilt als der Erfinder des **„Döner Kebab im Fladenbrot“**. Er hat ihn erstmals 1971 in einem türkischen Imbiss am Kottbusser Damm zubereitet. Inzwischen gibt es in Berlin über 1300 Döner-Läden.

Die Berliner lieben **witzige Spitznamen**: Die im Zweiten Weltkrieg teilweise zerstörte Gedächtniskirche heißt „Hohler Zahn“, die Kongresshalle „Schwangere Auster“ und der Fernsehturm, das mit 368 Metern höchste Bauwerk Deutschlands, „Telespargel“.

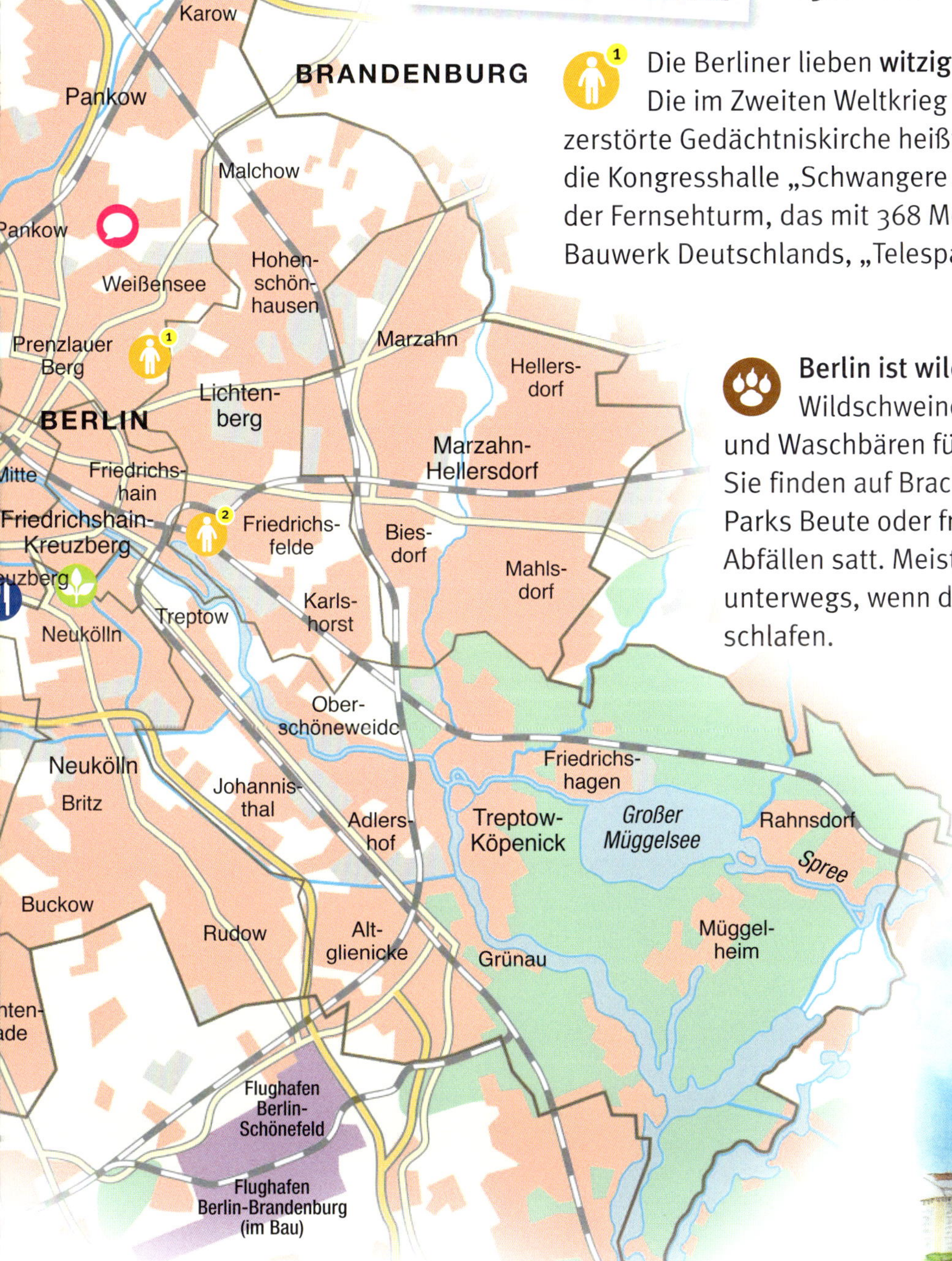

Berlin ist wild. Viele Tiere wie Wildschweine, Füchse, Marder und Waschbären fühlen sich hier wohl. Sie finden auf Brachflächen und in Parks Beute oder fressen sich an Abfällen satt. Meist sind sie nachts unterwegs, wenn die Menschen schlafen.

ZUM KNOBELN!

1. Wie heißt der größte See Berlins?
2. Nenne die zwei großen Flüsse, die durch die Hauptstadt fließen!

Radieschen für alle! Gärtnern ist was für Leute vom Land? Nee! In den **Prinzessinnengärten** am Moritzplatz säen und ernten viele Freiwillige. Bohnen, Salat, Radieschen, Gemüse und Kräuter wachsen in Kisten und Säcken.

Was ist ein Watt?

Millionen **Zugvögel** rasten im Frühling und im Herbst im Wattenmeer, dem vogelreichsten Gebiet Europas. Hier stärken sich die Vögel mit Wattwürmern, Muscheln, Schnecken und Krebsen für den anstrengenden Weiterflug.

Das Wattenmeer ist eine Wildnis, halb Meer, halb Wasser. Weil es das größte und faszinierendste seiner Art ist, hat die UNESCO es zum Weltnaturerbe erklärt. Damit gehört das Wattenmeer zu den 180 schönsten und schützenswertesten Landschaften der Welt.

Wattenmeer bezeichnet wörtlich „ein Meer, durch das man waten kann", weil es so flach ist. Doch Vorsicht, es gibt hier die **Gezeiten**: Je zweimal am Tag wechseln sich Ebbe und Flut ab. Bei Ebbe zieht sich das Wasser zurück, bei Flut überschwemmt es den Meeresboden. Wer im Watt umhergeht, muss deshalb die Uhrzeit im Blick haben und wissen, wann die Flut kommt.

Das Wattenmeer erstreckt sich über die Nordseeküste der Niederlande, Deutschlands und Dänemarks. Mit 450 Kilometern Länge und bis zu 40 Kilometern Breite ist es **das größte Wattenmeer** der Welt. Die Bundesländer Niedersachsen, Hamburg und Schleswig-Holstein haben ihren jeweiligen Anteil unter Schutz gestellt.

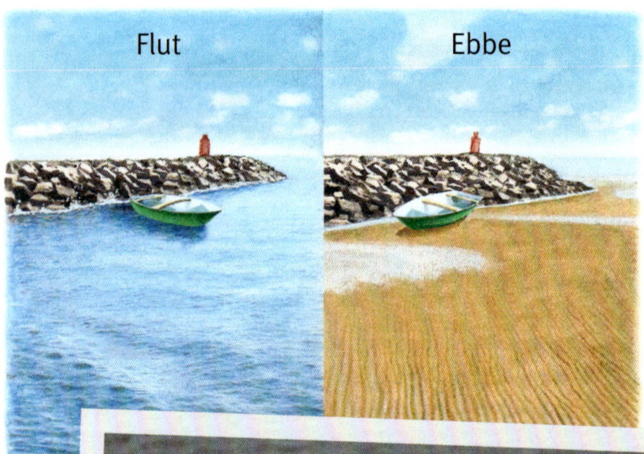

Kegelrobben sind die **größten Raubtiere** Deutschlands. Und sie sind nicht immer friedlich. Zur Paarungszeit scharen die bis zu 300 Kilo schweren Männchen bis zu sechs Weibchen um sich. Taucht ein junger Bulle auf, um dem Alten eine Kegelrobbendame abzuluchsen, wird gekämpft – manchmal fließt sogar Blut.

Rekord: Unter einem Quadratzentimeter Wattboden leben über eine Million Algen.

Land unter heißt es, wenn die **Halligen** von der Nordsee überspült werden, was mehrmals im Jahr vorkommen kann. Dann retten sich die Bewohner dieser kleinen Inseln in ihre Häuser. Sie sind auf Erdhügel, den Warften, gebaut.

Nützliche Drecksarbeit: Wattwürmer graben das Watt einmal im Jahr komplett um. Sie fressen den Sand und scheiden ihn wieder aus. Die Spaghetti-Häufchen, die du am Strand sehen kannst, das ist die Wattwurmkacke. Etwa 25 Kilo pro Wurm und Jahr kommen zusammen.

Gestatten, wir wohnen im Watt: Mehr als 10000 Tier- und Pflanzenarten leben im Wattenmeer: Alpenstrandläufer, Herzmuschel, Löffler, Strandbeifuß, Silbermöwe, Wattschnecke ... Stopp! In diesem Atlas ist nicht genug Platz, sie alle aufzuzählen.

STECKBRIEF

Wie groß? Etwa 10000 km² Priele, Flachwasser, Sandbänke, Dünen und Salzwiesen.

Wie alt? Das Wattenmeer entstand vor etwa 10000 Jahren, nach der letzten Eiszeit.

Wo gibt es sonst noch Wattenmeere? Zum Beispiel am Ärmelkanal rund um den Mont-Saint-Michel im Atlantik oder an der Bay of Fundy in Kanada.

Österreich

Servus und willkommen in Österreich, einem Land mit einer spannenden Geschichte, schneereichen Bergen, hübschen Tälern, vielen Flüssen und Seen. Du kannst tolle Städte besichtigen und berühmte Persönlichkeiten treffen. Österreich ist ein Binnenstaat, hat also keinen Zugang zum Meer, dafür viele Nachbarn: Tschechien, Slowakei, Ungarn, Slowenien, Italien, Schweiz, Liechtenstein und Deutschland.

Riesenrad, Eisbären und ein Schloss
Wien, die Hauptstadt, liegt an der Donau und ist eine der lebenswertesten Städte der Welt. Hier wohnen mehr als 1,8 Millionen Menschen. Die historischen Bauwerke, etwa das Schloss Schönbrunn, gehören zum UNESCO-Welterbe. Erholen können sich Bewohner und Touristen im Prater, einer riesigen Grünanlage mit einem Vergnügungspark.

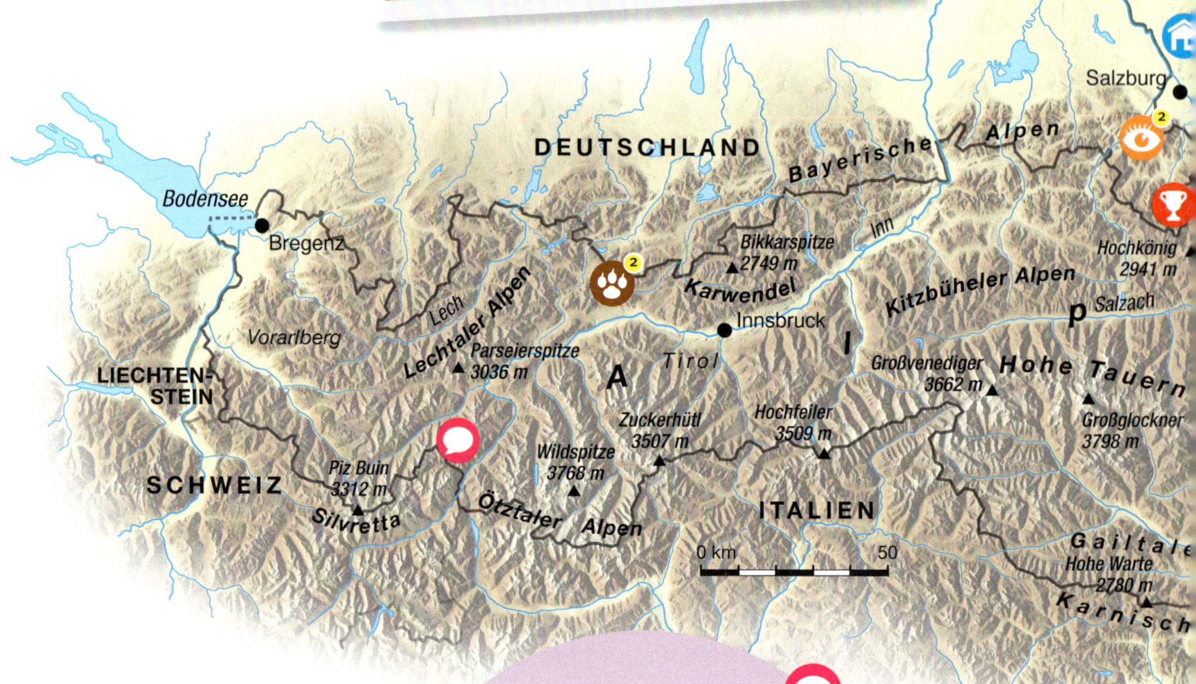

Wolfgang Amadeus Kinderstar
Er spielte bereits mit drei Jahren Klavier und komponierte mit vier erste kleine Stücke. Wolfgang Amadeus Mozart war schon als Kind ein Star. Er verstarb jung und bitterarm, hinterließ aber ein riesiges Werk von 626 Kompositionen. Übrigens: Mozart ist nicht das einzige österreichische Musiktalent. Zu Weltruhm brachten es auch Joseph Haydn, Anton Bruckner, Johann Strauss, Franz Schubert und viele mehr.

Holladiraidulljöh!
Als es noch keine Handys gab, verständigten sich die Menschen in den Alpen mit Jodlern. Diese Singtechnik ermöglicht es, sich über weite Entfernungen hinweg zu „unterhalten“. Viele Orte in Österreich bieten Kurse an, in denen du ein Jodeldiplom erwerben kannst.

Cooles Naturwunder

Die Eisriesenhöhle im Salzburger Land ist 42 Kilometer lang, weit verzweigt und 300 000 Quadratkilometer groß (das entspricht etwa 42 Fußballfeldern). Somit ist sie die größte Eishöhle der Welt. Sie liegt auf 1570 Metern Höhe, du erreichst sie mit der steilsten Seilbahn Österreichs. Nur im Sommer kannst du durch das eisige Labyrinth wandern und dieses coole Meisterwerk der Natur bestaunen.

Pferde in der Schule?

Ja! Die eleganten Lipizzaner besuchen die **Spanische Hofreitschule** in Wien. Die Pferde wurden ursprünglich im Gestüt Lipica im heutigen Slowenien gezüchtet – daher der Name.

Einwohner: fast neun Millionen

Tierische Kletterer

In den Alpen fühlen sich viele Tierarten wohl – trotz Kälte und Schnee im Winter. Steinböcke etwa haben ihr Kletterzeug immer dabei, ihre Hufe. Damit springen sie leichtfüßig – oder besser leichthufig – von Fels zu Fels und erklimmen bis zu 3000 Meter hohe Berge.

Nur bewundern!

Edelweiß ist klein, flauschig, bilderbuchschön und wächst in 1800 bis 3000 Metern Höhe. Früher war die seltene Alpenblume fast ausgerottet. Inzwischen blüht sie wieder und steht unter Naturschutz. Also denk dran: Wenn du ein Edelweiß entdeckst, nur bestaunen, nicht pflücken! Die seltene Schönheit ist auf der österreichischen Zwei-Cent-Münze abgebildet.

Hier kommt keiner rein!

Die mächtige Festung Hohensalzburg thront über der Stadt Salzburg. Sie wurde ab dem Jahr 1077 erbaut und sollte die Stadt vor Feinden schützen. Sie ist eine der größten Burgen Europas.

Schweiz und Liechtenstein

Das Fürstentum Liechtenstein ist ein **Paradies für Firmen.** Da sie hier wenig Steuern zahlen müssen, siedeln sich viele Unternehmen an. Das trägt zum Wohlstand des Mini-Staates bei.

Jetzt heißt es: Wanderschuhe anziehen oder Ski anschnallen! Wir entdecken die Alpenländer Schweiz und Liechtenstein.

1 Das **Fürstentum Liechtenstein** ist ein kleines, aber sehr modernes Land. Es ist nur 160 Quadratkilometer groß, etwa halb so groß wie die Stadt Bremen.

Die Schweiz ist Spitze!
Auf jeden Fall, was die Höhe ihrer Berge betrifft. Es gibt 48 Viertausender, der bekannteste ist das Matterhorn (4478 Meter), der höchste ist die Dufourspitze in den Walliser Alpen (4634 Meter). Außerdem gibt es mehr als 1500 Seen. Schön ist, dass man nie mehr als 13 Kilometer von einem entfernt ist.

2 **Banker und Brunnen**
Zürich ist die größte Stadt der Schweiz sowie das kulturelle und wirtschaftliche Zentrum. Die Zürcher Börse etwa gehört zu den wichtigsten der Welt. Zürich ist eine wohlhabende Stadt, in der es sich zu leben lohnt. Es gibt hier viele „Badis“, öffentliche Bäder am Fluss Limmat. Außerdem etwa 1200 Brunnen, an denen man sich erfrischen kann. Die Bundesstadt, also die Hauptstadt der Schweiz, ist aber nicht Zürich, sondern das viel kleinere Bern.

Held auf vier Pfoten

Barry, ein Bernhardinerhund, lebte vor über 200 Jahren am Großen-Sankt-Bernhard-Pass in der Schweiz. Er soll über 40 Lawinenopfern das Leben gerettet haben. Auch heute sind Hunde im Einsatz, um Menschen aufzuspüren, die von Lawinen verschüttet wurden. Mit ihren feinen Nasen können die Tiere Menschen unter vier Meter tiefem Schnee erschnüffeln.

Einwohner:

Schweiz: 8,4 Millionen

Liechtenstein: 38 100

Der Aletschgletscher ist der größte und längste Gletscher der Alpen. Doch auch er schrumpft.

Tschüss, Gletscher?

Der Klimawandel, also die Erwärmung der Erde, lässt die Gletscher auf der ganzen Welt schmelzen. Die Eisgiganten in den Schweizer Alpen haben in den letzten dreißig Jahren etwa ein Drittel ihrer Fläche verloren.

Lust auf Hornussen? Schon klar, die Schweizer sind echte Profis im Skifahren, Skispringen und Snowboarden. Wusstest du auch, dass sie sehr traditionelle Leibesübungen praktizieren – etwa Hornussen, das ist ein Mannschaftssport, der auf dem Land vor allem in der deutschsprachigen Schweiz gespielt wird – eine Mischung aus Baseball, Tennis und Golf.

Polen, Tschechien, Slowakei, Ungarn

Die Welt war bis zum Ende des Kalten Krieges 1989/1990 in zwei Lager gespalten: in den Westblock, der von den USA angeführt wurde und zu dem die Bundesrepublik Deutschland gehörte und in den Ostblock, dessen „Chef“ die Sowjetunion war. Die Länder, die du hier siehst, gehörten zum Ostblock. Heute sind alle Mitglieder der Europäischen Union.

Die goldene Stadt: Prag ist wohl eine der schönsten Städte Europas. Die tschechische Hauptstadt mit den vielen goldglänzenden Dächern liegt beiderseits der Moldau. Du kannst dort eine der größten Burgen der Welt erkunden, die Karlsburg.

Grusel in der Kirche: Knöchernen Wandschmuck kannst du in einer Kapelle in der tschechischen Stadt **Kutná Hora** bewundern. Die Gebeine von etwa 40 000 Menschen „schmücken“ die Wände der Kirche.

Spiel den Puck! Die Tschechoslowakei stellte bei Weltmeisterschaften und Olympischen Winterspielen häufig eine der besten Eishockeymannschaften der Welt. Seit 1993 sind die Länder Tschechien und Slowakei voneinander unabhängig. Doch was bleibt, ist ihre **Liebe zum Eishockey**. Das schnelle Spiel mit Schläger und Puck ist in den beiden Staaten noch beliebter als Fußball.

Hitzige Hauptstadt: In der ungarischen Hauptstadt **Budapest** gibt es viele heiße Quellen – mehr als in jeder anderen Hauptstadt der Welt. Täglich sprudeln 70 Millionen Liter Thermalwasser an die Oberfläche. Von einem Stadtbummel kannst du dich also in einem der vielen Thermalbäder erholen.

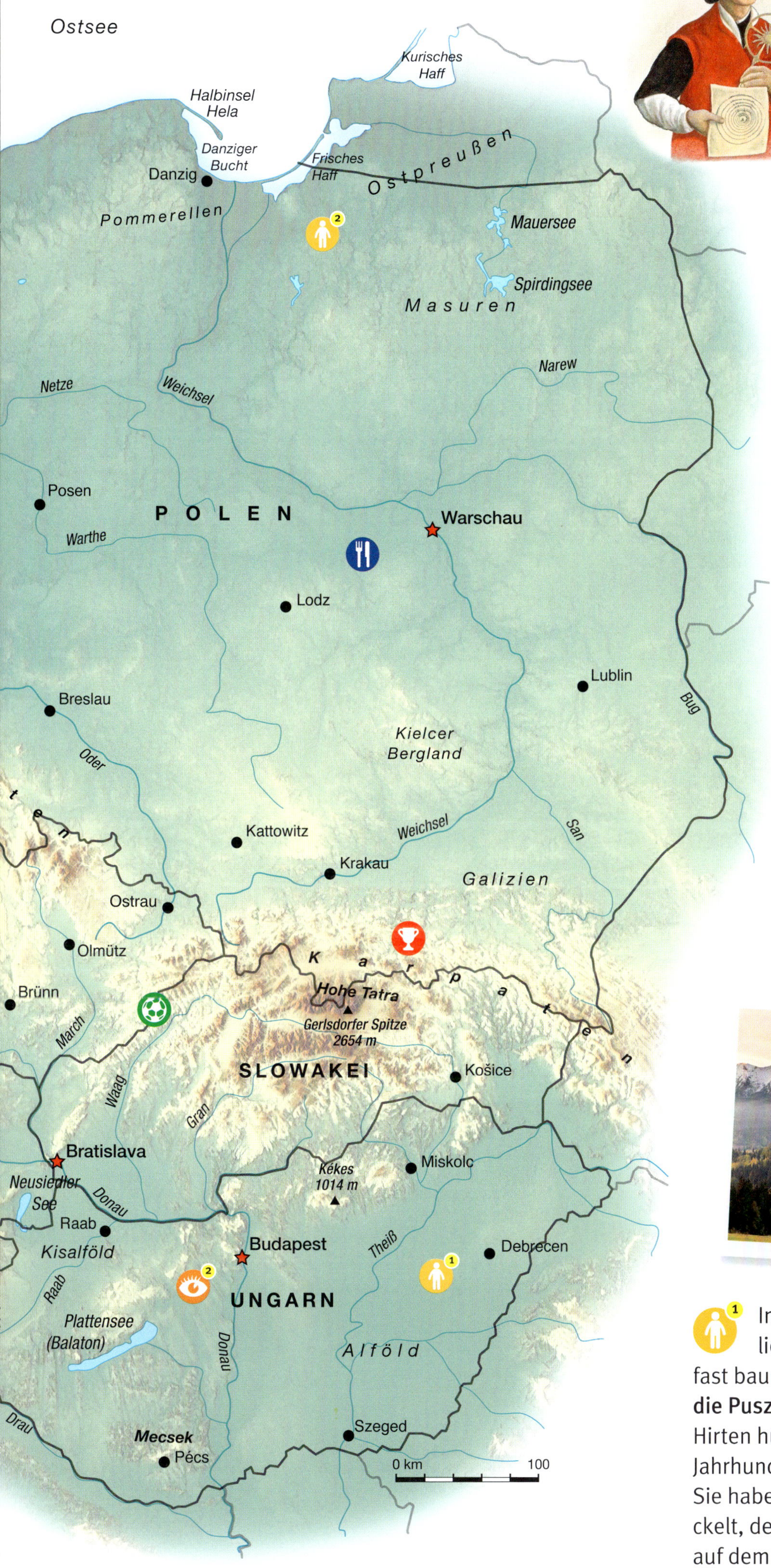

Einwohner: Polen: 38 Millionen
Tschechien: 10 Millionen
Slowakei: 5 Millionen
Ungarn: 9 Millionen

Logisch, die Erde dreht sich um die Sonne. Das weiß heute jeder. Doch im 16. Jahrhundert war dieser Gedanke revolutionär. Der polnische Astronom **Nikolaus Kopernikus** (1473 bis 1543) war der Erste, der diese Theorie entwickelte.

Lecker!
Piroggen sehen aus wie große Ravioli. Die Teigtaschen sind ein Nationalgericht in Polen. Es gibt sie in unzähligen Varianten: gefüllt mit Quark, mit Käse, mit Fleisch oder mit Beeren.

Das kleinste Hochgebirge Europas: Die Hohe Tatra ist Teil des Karpatenbogens und das kleinste Hochgebirge Europas. Ein Paradies für Wildtiere wie Gämsen, Luchse, Murmeltiere und Braunbären.

Im Osten Ungarns liegt eine weite, fast baumlose Steppe, **die Puszta**. Ungarische Hirten hüten hier seit Jahrhunderten ihre Schaf- und Rinderherden. Sie haben eine eigene Reittechnik entwickelt, den Puszta- Fünfer. Der Reiter steht auf dem Rücken der beiden hinteren Pferde und lenkt so das ganze Gespann.

Osteuropa

Alle Länder, die du auf dieser Karte siehst – außer Rumänien und Bulgarien –, gehörten während des Kalten Krieges zur Sowjetunion. Im Jahr 1991 zerbrach dieser riesige Staatenverbund. Estland, Lettland, Litauen, Weißrussland, Ukraine und Moldawien erklärten ihre Unabhängigkeit.

Mister Stoßzahn: Walrosse sind Robben, die in den kalten Meeren der Nordhalbkugel leben, auch in der Barentssee vor Russland. Typisch für **Walrosse** sind ihre langen Stoßzähne. Manchmal verteidigen sie sich mit diesen enormen Hauern gegen angriffslustige Eisbären.

Mit dem Auto übers Meer: Die Winter an der Ostsee sind meist bitterkalt. Wenn die Eisschicht 25 Zentimeter dick ist, dürfen Autos auf der längsten Eisstraße der Welt fahr-schlittern: über die zugefrorene Ostsee von der Insel Hiiumaa zum estnischen Festland.

Die Singende Revolution: Im August 1989 bildeten zwei Millionen Menschen aus Estland, Lettland und Litauen eine 600 Kilometer lange Menschenkette: von Vilnius über Riga nach Tallinn. Sie sangen verbotene Volkslieder – und forderten so die Unabhängigkeit von der Sowjetunion.

Wo geht es nach Kaliningrad? Um von Russland ins ebenfalls russische Kaliningrad zu gelangen, muss man auf dem Landweg mindestens zwei Länder durchqueren. Kaliningrad ist die westlichste Großstadt Russlands.

Die Christ-Erlöser-Kathedrale, Kaliningrad

Der Borschtsch-Gürtel: In vielen Ländern Osteuropas essen die Leute gerne Borschtsch, das ist ein Eintopf mit Rote Bete, Schmand und frischen Kräutern. Vor allem in der Ukraine, in Belarus und Russland wird diese Suppe häufig serviert. Man nennt diese Ländergruppe deshalb auch scherzhaft den „Borschtsch-Gürtel".

Wer dudelt denn da? Sind das etwa Schotten? Nein, Bulgaren. Denn auch in Osteuropa spielen die Menschen auf einer Art Dudelsack, der Gajda genannt wird.

Die große Katastrophe: 1986 explodierte auf dem Gebiet der heutigen Ukraine ein Atomreaktor im **Kernkraftwerk Tschernobyl**. Eine große Menge Radioaktivität wurde freigesetzt. Die gefährlichen radioaktiven Teilchen verseuchten die Böden, brachten Krankheit und Tod. Noch heute leiden die Menschen in der Ukraine und in Weißrussland unter den Folgen der Katastrophe.

Die Atomruine von Tschernobyl liegt heute unter einem dicken Mantel aus Stahlbeton.

Länder und Leute

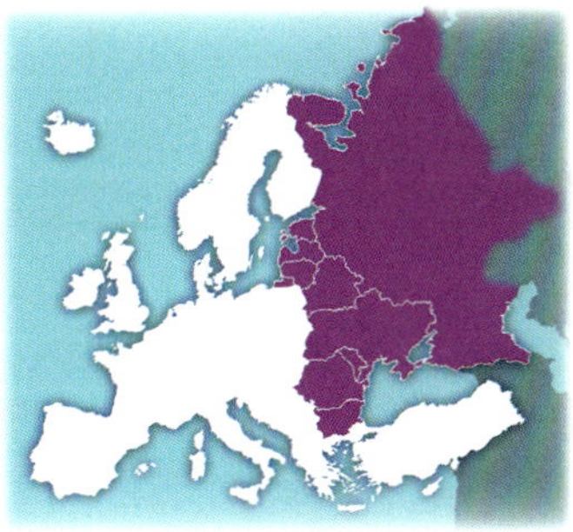

So ein Pech! Moldawien ist stellenweise nur wenige Kilometer vom Schwarzen Meer entfernt. Einen Zugang zum Strand haben die Moldawier aber nicht. Es liegt immer ein Stückchen Ukraine zwischen ihnen und dem Meer.

ZUM KNOBELN!

1. Welche Länder in Osteuropa haben keinen Zugang zu einem Meer?
2. Wie heißt die Hauptstadt Moldawiens?
3. Die Hauptstädte welcher Länder liegen an der Ostsee?
4. Wie viele Millionenstädte gibt es – neben Moskau – im europäischen Teil von Russland?

Das Baltikum

Willkommen im Baltikum: In Estland, Lettland und Litauen kannst du kilometerweit an einsamen Ostseestränden spazieren, durch ausgedehnte Moore, Wälder und Wiesen stromern und in unzähligen Seen baden.

Land der Inseln: In **Estland** gibt es mehr als 1500 Inseln, die meisten werden von Vögeln und Robben bewohnt. Nur auf wenigen dieser Eilande leben Menschen. Die beliebtesten und größten heißen Saaremaa, Hiiumaa und Muhu.

Der Leuchtturm von Tahkuna auf Hiiumaa

Der Hauptkrater hat sich mit Wasser gefüllt.

Kawumm! Estland ist anziehend. Nicht nur für Touristen. Auch für **Meteoriten**. Es gibt wohl kaum ein anderes Land auf der Welt, in dem so viele Besucher aus dem All eingeschlagen sind. Bei Kaali nahe der Stadt Kuressaare kann man ein Kraterfeld besichtigen.

Alles Kümmelkäse oder was? Ja, jedenfalls beim **Johannisfest** in Lettland. Dort feiern die Menschen den längsten Tag des Jahres mit Kümmelkäse. Vielleicht hoffen die Letten, dass das nächste Jahr dann besser verdaulich wird? Zu dieser Feier tragen die Letten **Kränze aus Kräutern und Blumen im Haar** und entzünden Johannisfeuer.

Die Sahara Litauens: Die **Kurische Nehrung** sieht vom Weltall betrachtet aus wie ein dünner Strich vor der Küste Litauens und Kaliningrads. Die Landzunge ist 98 Kilometer lang und trennt das Kurische Haff von der Ostsee. Hier kannst du eine der größten Dünen Europas erklimmen. Der Spitzname dieser Gegend lautet Sahara Litauens.

„Labdien! Ka tev iet“? Das ist **lettisch** und heißt „Guten Tag! Wie geht's?“ Die lettische Sprache gehört zu den ältesten Sprachen Europas. Ein Wunder, dass sie überlebt hat. Schließlich wurden die Letten viele Jahrhunderte von anderen Mächten beherrscht, zuletzt von der Sowjetunion.

E-Estland: Estland ist ein Paradies für **Internet-Fans**. Hier gibt es mehr Internetanschlüsse pro Einwohner als irgendwo sonst.

Ich geh schaukeln! Schaukeln ist in Estland kein Kinderspiel, sondern Extremsport, den man dort **„Kiiking“** nennt. „Kiik“ ist estnisch und bedeutet Schaukel. Damit man nicht herunterfällt, wird man an Händen und Füßen an den Riesenschaukeln angebunden. Nun heißt es Schwung holen und im Stehen schaukeln, bis man sich in sieben Metern Höhe überschlägt.

Bärengulasch?
In Estland gibt es sehr viele Braunbären. Weil sie nicht geschützt sind, dürfen Jäger sie schießen. Deshalb kannst du in manchen Lokalen in Estland mariniertes Bärenfleisch bestellen – zum Entsetzen von Tierschützern!

So groß wie hoch: Vilnius, die Hauptstadt von Litauen, ist flächenmäßig die größte Stadt des Baltikums. Hier steht auch der **Europa Tower** (gesprochen: Tauer), das höchste Hochhaus der baltischen Länder.

Dicke Nase, majestätisches Geweih: Elche sind die größten Hirsche der Welt. Du triffst sie in freier Wildbahn nicht nur in Skandinavien, sondern auch im Baltikum. Die Männchen werfen im Winter ihre 20 Kilogramm schweren Geweihe ab. Mit viel Glück kannst du den imposanten tierischen Kopfschmuck beim Spaziergang in den Wäldern des Baltikums entdecken.

Russland

Russland ist das größte Land der Welt – es ist fast so riesig wie der Zwergplanet Pluto. In diesem Riesenreich gibt es mehr Zeitzonen als in jedem anderen Land – nämlich elf. Russland erstreckt sich über zwei Kontinente, Europa und Asien. An dieser Stelle ist nur der europäische Teil abgebildet, das ganze Land gibt es auf Seite 104.

Die Eremitage: eines der größten Museen der Welt

Tierische Museumswärter: Die Eremitage in St. Petersburg birgt den vermutlich größten Kunstschatz der Welt. In diesem Museum hängen 60 000 wertvolle Gemälde, die von tierischen Museumswärtern beschützt werden: Etwa 50 Katzen halten das Gebäude frei von Mäusen und Ratten.

Russen im Weltall: Der erste Mensch im All war ein Russe, **Juri Gagarin**. Der Kosmonaut flog am 12. April 1961 mit dem Raumschiff „Wostock“ (Deutsch: Osten) in einer Stunde und 46 Minuten einmal um die Erde. Vier Jahre vor ihm war schon mal ein Russe im All. Oder besser gesagt eine Russin: Die Hündin **Laika** wurde mit einem Satelliten in die Umlaufbahn der Erde geschickt.

Das Grenzgebirge: Der **Ural** trennt den europäischen Teil Russlands vom asiatischen. Das Gebirge erstreckt sich über 2 400 Kilometer und ist ein Paradies für seltene Tiere wie Wölfe und Bären. Und auch für Desmane, Verwandte des Maulwurfs. Witzig ist, wie sie mit ihren langen Nasen im Wasser herumrüsseln, um nach leckeren Muscheln, Krebsen und Fischen zu suchen. →

Tierischer Schnüffler: der Desman

Auf die Mütze, fertig, los! In Russland herrscht in den meisten Gegenden kontinentales Klima – im Sommer ist es sehr heiß, im Winter eiskalt. In den kalten Monaten brauchen die Menschen etwas auf die Ohren. Am besten eine **Uschanka**, eine Pelzmütze mit Ohrklappen. Diese Kopfbedeckungen trugen ursprünglich die Soldaten im Krieg. Heute stolzieren auch in New York und Berlin junge Leute mit Uschankas durch die Straßen.

Der längste Fluss Europas: Die Wolga ist mit 3530 Kilometern der längste Strom des Kontinents und fließt doch nur durch ein Land: Russland. 120 Kilometer vor der Mündung verzweigt sich **die Wolga** in vier große, dann in 800 kleinere Kanäle. In diesem Flussdelta leben ungewöhnlich viele Vogelarten, etwa Bienenfresser, Flamingos, Pelikane und Seeadler. →

Bienenfresser

Paläste fürs Volk! U-Bahn-Fahren ist wahrscheinlich nirgendwo schöner als in **Moskau**. Denn in der Metro der russischen Hauptstadt sind die Wartehallen mit Stuck verziert, Gemälde schmücken die Wände, von den Decken hängen prächtige Kronleuchter. Knapp 2,4 Milliarden Fahrgäste befördert die Metro jährlich! Jeder dritte Bewohner der Erde könnte also einmal im Jahr mitfahren. →

Belarus, Ukraine, Moldawien, Rumänien, Bulgarien

In diesen Ländern Osteuropas kannst du den Białowieża-Urwald, die Pripjatsümpfe, die Karpaten und das Schwarze Meer entdecken. Die Reise lohnt sich. Versprochen!

Europas letzter Urwald: Im Nationalpark Białowieża, der zu Polen und Weißrussland gehört, wachsen nicht nur uralte Bäume in den Himmel. Hier leben auch Wisente. Diese Wildrinder werden bis zu 1000 Kilo schwer.

Land der Kirchen: In den rumänischen **Karpaten** sieht es ein bisschen aus wie in einem Märchenland. Vor allem in der Region Maramureş, dort kannst du viele Holzkirchen besuchen. Sie stehen seit 1999 auf der Liste des UNESCO-Weltkulturerbes.

Riesenhütte: Der Parlamentspalast in der rumänischen Hauptstadt **Bukarest** ist eines der größten Gebäude der Welt. Der rumänische Diktator Nikolae Ceauşescu ließ den Prunkbau zwischen 1984 und 1989 errichten. Er hat mehr als 3000 Räume und ist 364400 Quadratmeter groß, damit ist er nur wenig kleiner als der gesamte Vatikanstaat.

Im Tal der Rosen: Im Norden des Balkangebirges liegt das „Tal der Rosen“. Auf riesigen Feldern blühen weiße, rosa und rote Rosen. Aus den Blütenblättern wird kostbares Rosenöl gewonnen und als Duftöl für Parfüme verwendet.

Versumpft: Im Süden von Belarus und im Nordwesten der Ukraine gehst du nicht auf festem Boden. Die **Pripjatsümpfe** sind mit 90 000 Quadratkilometern größer als Österreich und das größte Sumpfgebiet Europas.

Die Spinnen an Weihnachten!
Die Menschen in der Ukraine glauben, dass es Glück bringe, wenn man am Weihnachtsmorgen eine Spinne oder ein Spinnennetz entdeckt. Kein Wunder, dass die Leute sich künstliche Spinnen in den Christbaum hängen.

Strandpromenade von Constanța

Schwarzes Meer so blau!
Das Schwarze Meer ist ein Binnenmeer, das nur über zwei Meerengen, den Bosporus und die Dardanellen, mit dem Mittelmeer verbunden ist. Übrigens: Das Schwarze Meer ist gar nicht schwarz, sondern wie die anderen Meere meistens blau.

Der größte Weinkeller der Welt: In Moldawien wird viel Wein angebaut. 1,3 Millionen Flaschen lagern im größten Weinkeller der Welt: Der liegt 90 Meter unter der Erde in einer uralten Tropfsteinhöhle. →

Südosteuropa

Entdecke die Länder rund um das östliche Mittelmeer! Du kannst dort an wunderschönen Stränden toben, im klaren Wasser schnorcheln und die Geburtsstätte der Demokratie erkunden.

Die weiße Stadt: Belgrad, die Hauptstadt Serbiens, ist eine der ältesten Hauptstädte Europas. Das Stadtgebiet wurde bereits im 3. Jahrhundert vor Christus besiedelt. Der Name Belgrad ist Serbisch und heißt so viel wie „weiße Stadt“.

Im ehemaligen Jugoslawien hat der Krieg Spuren hinterlassen.

Aus einem werden sieben! Es war einmal ein Staat, der hieß Jugoslawien. Es war ein sozialistischer Vielvölkerstaat, der mit der Sowjetunion befreundet war. Mit dem Ende des Kalten Krieges brachen schlimme Konflikte zwischen den unterschiedlichen Volksgruppen aus, die dort lebten. Mehrere Kriege führten dazu, dass das Land in sieben unabhängige Staaten zerfiel: Slowenien, Bosnien und Herzegowina, Serbien, Montenegro, Nordmazedonien, Kroatien und Kosovo.

Arm, Ärmer, Albanien: Albanien gehört zu den ärmsten Ländern in Europa. Viele Kinder können nicht zur Schule gehen. Sie helfen ihren Eltern bei der Feldarbeit, arbeiten als Straßenverkäufer oder müssen sogar betteln. Weil viele Menschen keine Arbeit finden, wandern sie aus. Kein Wunder, dass mehr Albaner im Ausland leben als im Land selbst.

Tirana, Hauptstadt Albaniens

Die Herrschaft des Volkes: Die alten Griechen gelten als Erfinder der Demokratie, also der Herrschaft des Volkes. Sie hielten nicht viel von Königen, Kaisern und anderen Alleinherrschern. Überall sonst in der Welt lag die Macht damals in den Händen einer Person. Was für uns heute selbstverständlich ist, war in der Antike etwas vollkommen Neues.

← **Die kleine Schlafmaus als Festschmaus:** Sein Name ist Programm: Der Siebenschläfer ist eine echte Schlafmütze. Er legt sich in der kalten Jahreszeit mindestens sieben Monate zur Ruhe. Davor muss er sich viel Winterspeck anfuttern: Früchte und Nüsse mag er am liebsten. Blöd nur, dass er selbst auch als Spezialität gilt. Schon die alten Römer verspeisten Siebenschäfer. Bis heute gelten sie in Slowenien als Spezialität. In Deutschland stehen die süßen Nager zum Glück unter Naturschutz.

Wie zu Zeiten der Dinosaurier: Im Schutz der Dunkelheit robben Meeresschildkröten an einsame Strände im Mittelmeer, um ihre Eier tief im Sand zu vergraben. So machen es diese Reptilien seit Millionen Jahren, denn ihre Vorfahren lebten schon zu Zeiten der Dinosaurier. Touristen können dabei zusehen, zum Beispiel am „Alagadi Turtle Beach" in Nordzypern. Nach etwa 60 Tagen schlüpfen Baby-Schildkröten und watscheln zum Meer. Die Tiere verbringen nämlich die meiste Zeit ihres Lebens im Wasser.

Geteiltes Land, geteilte Hauptstadt! Zypern ist nach Sizilien und Sardinien die drittgrößte Insel im Mittelmeer. Seit 1974 ist sie geteilt, in den griechischen Süden und den türkischen Norden. Mitten durch die Hauptstadt Nikosia verläuft die Grenze. Der südliche, griechische Teil gehört zur Europäischen Union. Der nördliche Teil, die Türkische Republik Nordzypern, wird von der internationalen Staatengemeinschaft nicht anerkannt.

ZUM KNOBELN!

1. Wie viele Millionenstädte gibt es in der Türkei – neben Ankara?
2. Wie heißt das einzige Land in Südosteuropa, das in einen Südteil und einen Nordteil geteilt ist?
3. Welches Land auf dieser Karte hat Zugang zum Schwarzen Meer?

Grenzturm in Nikosia

Westlicher Balkan

Die Länder Slowenien, Bosnien und Herzegowina, Serbien, Montenegro, Mazedonien, Albanien, Kroatien und Kosovo werden auch als westliche Balkanstaaten bezeichnet. In den 1990er-Jahren haben sich die Menschen dieser Region schrecklich bekriegt. Heute herrscht zum Glück Frieden. Komm mit auf eine spannende Reise!

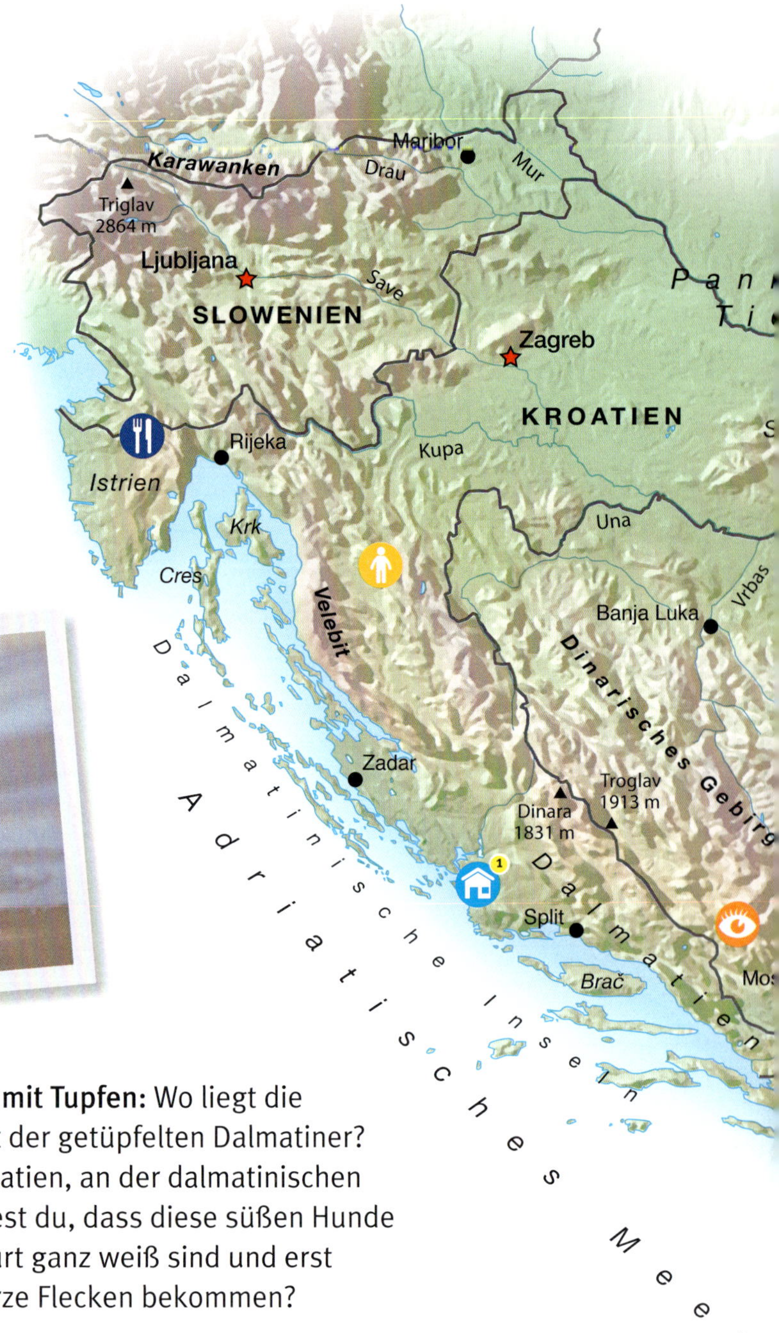

Schnüffeln nach Trüffeln: Schweine und Hunde sind die besten Trüffeljäger, sie erschnüffeln den knolligen Edelpilz, der unter der Erde wächst. Bei Buje in der Region Istrien in Kroatien wurde ein 1,3 Kilogramm schwerer Trüffel gefunden, der größte der Welt.

Hunde mit Tupfen: Wo liegt die Heimat der getüpfelten Dalmatiner? Richtig! In Kroatien, an der dalmatinischen Küste. Wusstest du, dass diese süßen Hunde bei ihrer Geburt ganz weiß sind und erst später schwarze Flecken bekommen?

Der Schatz im Silber- äh im Plitvitzer-See: Viele Szenen der Winnetou-Filme wurden im ehemaligen Jugoslawien gedreht, zum Beispiel an den Plitvitzer Seen. Witzig ist, dass im Film so aus dem sozialistischen Osten der wilde amerikanische Westen wurde.

Die Brücke der Hoffnung! 1993 wurde im Bosnien-Krieg die 500 Jahre alte Steinbrücke „Stari Most“ in der Stadt Mostar, die über den Fluss Neretva führt, zerstört. Sie verband über 400 Jahre lang den bosniakisch geprägten Ostteil mit dem kroatisch geprägten Westteil der Stadt. Nach dem Krieg wurde die Brücke mithilfe der Vereinten Nationen wieder aufgebaut.

Mammut in Serbien! Im serbischen Kostolac, etwa 70 Kilometer östlich von Belgrad, haben Forscher ein nahezu perfektes Skelett eines Mammuts gefunden. Sie haben es Vika getauft. Das Tier war vermutlich vier Meter groß, sechseinhalb Meter lang, wog etwa zehn Tonnen und lebte vor etwa einer Million Jahren auf dem Gebiet, das heute Serbien heißt.

So könnte Vika zu Lebzeiten ausgesehen haben.

Schnurrbart, Schnauzer, Oberlippenbart! Wer braucht 27 unterschiedliche Wörter für Schnauzer? Die Albaner! Das Albanische kennt übrigens ebenso viele Begriffe für Augenbrauen. In Albanien scheint die Liebe zur Gesichtsbehaarung groß zu sein.

In Deckung! Albanien ist etwa so groß wie Brandenburg und hat 2,8 Millionen Einwohner. Albaniens ehemaliger kommunistischer Diktator Enver Hoxha hatte Angst vor einem ausländischen Angriff und ließ während des Kalten Krieges mehr als 700 000 pilzförmige Bunker bauen. Er hätte sein ganzes Volk darin verschwinden lassen können, denn in einem Schutzraum sollten vier Leute Platz finden. Heute werden die Bunker als Restaurants, Bars oder Notunterkünfte für Obdachlose genutzt.

Das Mazedonische Meer: Der Ohridsee ist der größte See Nordmazedoniens und eines der ältesten Binnengewässer der Welt. Der See wurde von der UNESCO zum schützenswerten Weltnaturerbe erklärt, weil dort mehr als 200 Tierarten leben, die es sonst nirgendwo gibt.

Griechenland, Zypern, Türkei

Hier trifft Europa auf Asien: Nur ein ganz kleiner Teil der Türkei im Westen, Thrakien genannt, gehört zu Europa – der östliche Teil und die Insel Zypern liegen in Asien. Spannend ist, dass wohl in keiner anderen Weltgegend so viel Geschichte geschrieben wurde: Vor 9 000 Jahren wurde zum Beispiel in Çatalhöyük in der heutigen Türkei die erste Stadt der Welt gebaut.

Hühnerbrust-Pudding: Die türkische Küche ist eine der vielfältigsten der Welt: Du kennst Kebab, Köfte, Ayran, Halva ... Mmhhh, sehr lecker. Fortgeschrittene können Tavuk Göğsü probieren. Aber Achtung! Dieser süße Nachtisch ist nichts für Vegetarier. Er enthält Hähnchenbrust.

Geheimnisvolles Santorin: Santorin, im Süden der Kykladen, ist die vielleicht geheimnisvollste der etwa 3 000 Inseln Griechenlands. Die Mitte der Vulkaninsel versank nach einem gewaltigen Ausbruch vor mehr als 3 500 Jahren im Meer. Übrig blieb ein halbkreisförmiger Felsbogen – der Rand des Vulkankraters. Der Legende nach liegt hier das sagenhafte Atlantis.

Die Bücherei von Ephesos: In Ephesos, in der heutigen Westtürkei, stand einst ein Prachtbau aus Marmor: der Tempel der Artemis. Die Stadt Ephesos gehörte zum Römischen Reich und zählt zu den sieben antiken Weltwundern. Damals war Ephesos eine blühende Großstadt. Sogar eine zweistöckige öffentliche Bücherei gab es, die Celsus-Bibliothek.

Die Fassade der Celsus-Bibliothek

Die erste Stadt: Die meisten Menschen zogen im Jahr 7 000 vor Christus noch als Jäger und Sammler umher. Doch in den Bergen der heutigen Türkei entstand die wohl erste Metropole der Welt: Çatalhöyük (sprich: Tschatalhöjük). Bis zu 8 000 Menschen lebten in Lehmhäusern, die sie dicht an dicht bauten. →

↑

Ein Tempel für die Göttin: Der Felsen hoch über der Stadt Athen heißt Akropolis. Eines der berühmtesten Bauwerke der Welt ist nach ihm benannt: die Tempelanlage Akropolis. Der größte Tempel ist der Parthenon. Er wurde vor knapp 2 500 Jahren errichtet – zu Ehren der Göttin Athena.

↗

Märchenland Kappadokien: Schon der Name klingt bezaubernd: Kappadokien! Es gibt dort Felsen, die wie Pilze aussehen. Die Bewohner nennen sie „Feenkamine". Die einzigartige Landschaft in der Zentraltürkei ist aus weichem Tuffgestein. Wind und Wasser haben daraus diese bizarre Felsenlandschaft geformt. Bereits die Menschen in der Steinzeit haben in Kappadokien in Höhlen gelebt.

↗

Kuschelkatze: Die flauschigen Angorakatzen mit dem halblangen Fell stammen vermutlich aus dem Gebiet um Ankara in Kleinasien, der heutigen Türkei, wo sie als Hauskatzen gehalten wurden.

Hinab zum künstlichen Riff: 1980 ging das schwedische Schiff Zenobia vor der Küste Zyperns unter. Heute ist das Wrack ein künstliches Riff – und ein Paradies für Fische und Taucher. Die gesunkene Fähre ist eines der größten Wracks der Welt, zu dem man tauchen kann. →

Südwesteuropa

Die Länder auf dieser Karte gehören zu den beliebtesten Urlaubszielen in Europa. Kein Wunder, hier kannst du im Atlantik baden, in den Alpen wandern, vor einer Mittelmeerinsel schnorcheln oder in den Pyrenäen mountainbiken. Nach dem Sport bleibt noch Zeit, Geschichte zu entdecken.

2 **Unter dem Ärmelkanal:** Der Eurotunnel ist mit 50 Kilometern der längste Tunnel der Welt, der unter einem Meer liegt. Er verbindet Calais im Norden von Frankreich mit Dover im Vereinigten Königreich. →

1 **Sonne, Strand, Olivenhaine:** Rund um das Mittelmeer sind die Sommer trocken und heiß, die Winter mild und feucht. Es herrscht Mittelmeerklima. Traditionell bauen viele Landwirte in diesen Ländern Oliven an, die meist zu Öl gepresst werden. →

1 **Ganz oben!** Madrid, Spaniens Hauptstadt, liegt 667 Meter über dem Meeresspiegel und ist damit die höchstgelegene Hauptstadt der Europäischen Union.
↓

1 **Die Mauern der Mauren:** Spanien wurde sieben Jahrhunderte von Mauren regiert. Logisch, dass die in dieser Zeit auch Bauwerke errichtet haben. Zum Beispiel die Festung Alhambra, die sich auf einem Berg in der Stadt Granada erhebt. Sie war der Palast des Sultans. →

2 **Mini-Hollywood im Mittelmeer!** So wird der Zwergstaat Malta manchmal scherzhaft genannt. Warum? Weil hier sehr viele berühmte Filme gedreht wurden, etwa „Troja“, „Popeye“ und „Wickie und die starken Männer“. Kein Wunder, denn Malta bietet mit seinen unberührten Küsten und historischen Bauwerken eine perfekte Filmkulisse. →

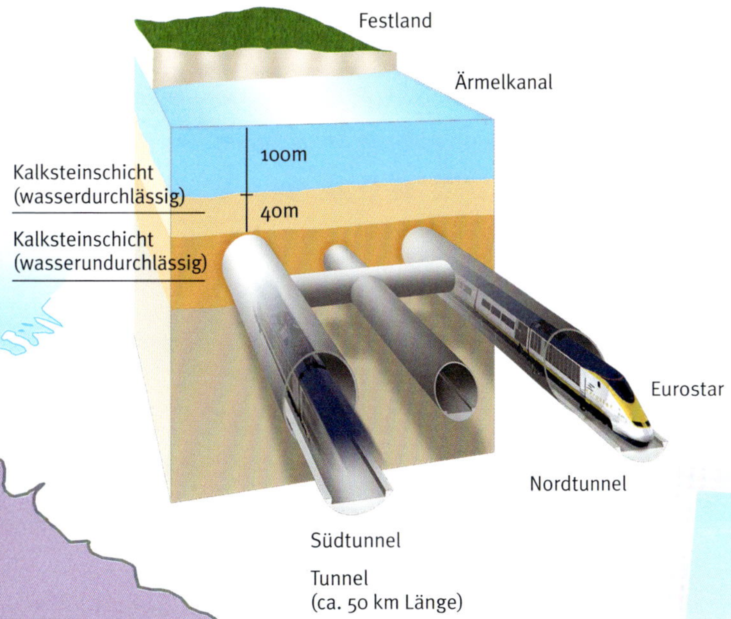

ZUM KNOBELN!

1. Welche Länder auf dieser Karte haben sowohl Zugang zum Atlantik als auch zum Mittelmeer?
2. Wie viele Millionenstädte gibt es in Italien – abgesehen von der Hauptstadt Rom?
3. Wie heißt der Zwergstaat, der zwischen Frankreich und Spanien liegt?

↑ **Im Paradies der Pferde:** Ganz im Süden der französischen Provence liegt ein kleines Naturwunder: die Camargue. In diesem Naturschutzgebiet mit riesigen Weideflächen, Sümpfen, Schilf und Sanddünen leben die weißen Camargue-Pferde in Herden. Sie gehören zu einer der letzten wild lebenden Pferderassen der Welt.

Das Fürstentum **Andorra** ist mit 468 Quadratkilometern gerade mal halb so groß wie Berlin. Seit 700 Jahren ist der Zwergstaat unabhängig. Er liegt zwischen Spanien und Frankreich in den Pyrenäen. Einen Flughafen gibt es nicht. Mit dem Zug kann man Andorra auch nicht erreichen. Wer das Land besuchen will, muss mit dem Auto von Spanien oder Frankreich anreisen.

Filmkulisse auf Malta: Popeyes Dorf

↑ **Alte Arena:** Das größte Amphitheater der Welt ist **das Kolosseum** in Rom. 50 000 Menschen fanden darin Platz. Ein Fest für die Zuschauer! Für die Gladiatoren war der Besuch in der Arena weniger vergnüglich. Sie mussten gegen wilde Tiere kämpfen und verloren dabei manchmal ihr Leben.

Iberische Halbinsel

Zur Iberischen Halbinsel gehören die Staaten Spanien, Portugal und Andorra. Außerdem liegt an der Südspitze das britische Überseegebiet Gibraltar. Vor 500 Jahren waren Spanien und Portugal wichtige Seefahrernationen.

Lass kacheln: Die Portugiesen lieben ihre „Azulejos“, das sind bunt bemalte und glasierte Keramikfliesen. Damit werden nicht nur die Bäder gekachelt, sondern auch Hauswände und Kirchen – von außen!

Stockfisch trocknet in der Sonne.

Lecker Fisch! Das Nationalgericht in Portugal ist Bacalhau, getrockneter und gesalzener Kabeljau. Der Stockfisch ist sehr lange haltbar, deshalb nahmen ihn schon die portugiesischen Seefahrer vor 500 Jahren mit auf Entdeckungsfahrt.

Die Korkschicht der Eiche wird mehrere Zentimeter dick.

Wo kommt der Korken deiner Pinnwand her? Von der Rinde der Korkeiche! Das ist ein immergrüner Laubbaum, der im westlichen Mittelmeergebiet wächst und bis zu 400 Jahre alt werden kann! Die Zentren der Korkproduktion liegen in Süd-Portugal und Süd-Spanien. Etwa alle zehn Jahre kann die Rinde der Bäume, der Kork, geerntet werden.

Andorra ist das einzige Land der Welt, in dem **Katalanisch** die offizielle Amtssprache ist. Diese Sprache wird auch im Nordosten von Spanien und in Teilen von Sardinien gesprochen. Sie hört sich an wie eine Mischung aus Französisch und Spanisch.

Höchster Punkt:
Mulhacén (3 479 Meter) in Spanien

Dicht bewaldet? Nö! Dicht bepistet! Der Name Andorra kommt vom arabischen Wort „Al-Darra“, das heißt „dicht bewaldet“. Das mag zu Zeiten der Mauren so gewesen sein. Inzwischen aber wurden viele Bäume gefällt, um Platz für Skilifte zu schaffen.

2 **Mit Essen spielt man!** In der spanischen Stadt Buñol bei Valencia werden an einem Tag im August die Menschen mit 100 Tonnen überreifer Tomaten beworfen. Die Tomatenschlacht gehört zum Fest „La Tomatina“.

1 **Stierkampf in Spanien:** Für viele Spanier ist der Stierkampf „Nationalsport“, der in riesigen Arenen stattfindet. Dort tritt ein Torero (spanisch für Stierkämpfer) gegen einen Stier an, schwenkt ein rotes Tuch, um das 600 Kilogramm schwere Tier zu reizen, es mit Lanzen zu verletzen und schließlich zu töten. Fans des Stierkampfs nennen das Tradition. Tierschützer sagen: Das ist Quälerei. Bis zu 40 000 Stiere sterben jährlich in den Arenen.

Der **Mulhacén** in der Sierra Nevada ist mit 3 479 Metern die höchste Erhebung der Iberischen Halbinsel. Der höchste Gipfel auf spanischem Staatsgebiet ist mit 3 718 Metern jedoch der Teide auf Teneriffa. Da diese Insel aber vor der afrikanischen Küste im Atlantik liegt, ist sie auf dieser Karte nicht zu sehen.

Rettet die Pinselohren! Der Iberische Luchs ist eine der seltensten Raubkatzen der Welt und leider stark gefährdet. Etwa 150 Exemplare durchstreifen die Korkeichenwälder in Spanien und Portugal. Doch es gibt Hoffnung: Im Nationalpark Coto de Doñana im Süden Spaniens konnten einige der Raubkatzen erfolgreich ausgewildert werden.

Frankreich und Monaco

Frankreich ist das größte Land der Europäischen Union. Du kannst dort ganz unterschiedliche Landschaften entdecken. Im Loire-Tal im Norden gibt es viele Schlösser zu bewundern. Im Zentralmassiv und in den Cevennen kannst du wandern und klettern. An der Grenze zu Spanien liegt ein Hochgebirge, die Pyrenäen. Die Alpen im Osten des Landes sind ein Paradies für Bergsteiger. Die Mittelmeerküste eignet sich zum Baden und Surfen. Dort liegt auch Monaco, ein Zwergstaat, der berühmt für seine Autorennen ist.

Kammern der Toten: Im Beinhaus, etwa 30 Meter unter den Straßen des 14. Bezirks von Paris, stapeln sich die Knochen von etwa sechs Millionen Toten. Warum? Im 18. Jahrhundert wurde auf den Friedhöfen der Platz knapp. Also wurden die Gebeine in die Katakomben verfrachtet.

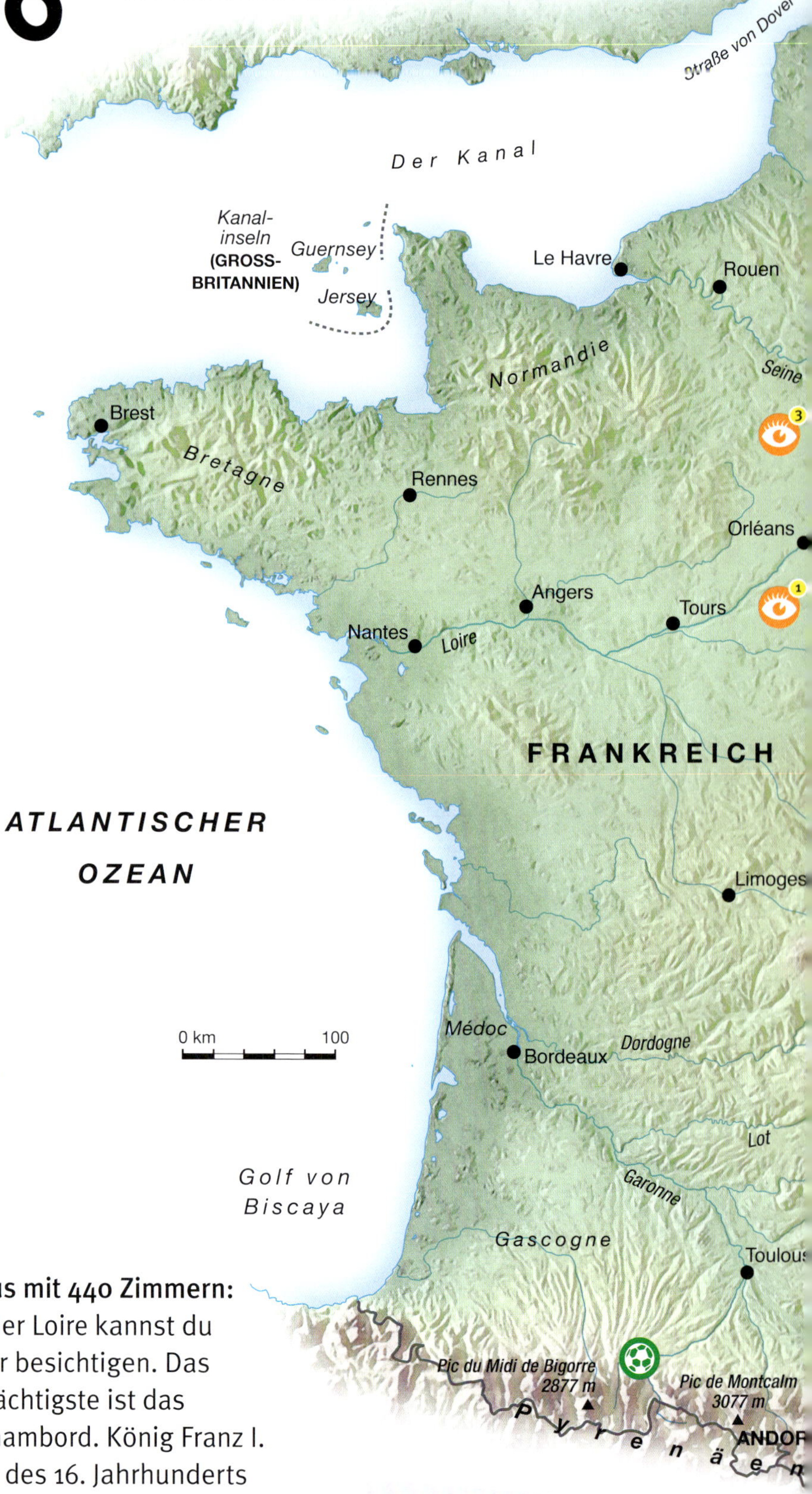

Die große Schleife: Die Tour de France ist das berühmteste Radrennen der Welt. Nach der Fußballweltmeisterschaft und den Olympischen Spielen gilt die Tour als drittgrößtes Sportereignis überhaupt. Die Athleten müssen eine Strecke von etwa 3 500 Kilometern auf dem Rad zurücklegen. In den letzten Jahren gab es immer wieder Skandale, weil einige Radrennfahrer verbotene Medikamente genommen haben, um ihre Leistung zu steigern. Das nennt man Doping.

Ein Haus mit 440 Zimmern: Im Tal der Loire kannst du viele Schlösser besichtigen. Das größte und prächtigste ist das Chateau de Chambord. König Franz I. ließ es Anfang des 16. Jahrhunderts errichten. Das Schloss besitzt sechs hohe Türme, 440 Zimmer, 84 Treppen und 365 Feuerstellen. Ob ein Makler wohl einen geeigneten Mieter für diese Hütte fände?

Windsurfer lieben den Mistral und kommen seinetwegen in die Provence.

Höchster Punkt:
Mont Blanc in Italien und Frankreich (4810 Meter)

Auf zum Eiffelturm – in 1665 Stufen: Der Eiffelturm wurde 1889 für die Weltausstellung errichtet und sollte danach wieder abgebaut werden. Heute gehört der Turm zu den meistbesuchten Attraktionen der Welt: Sieben Millionen Menschen kommen pro Jahr, um ihn zu bewundern.

Die wollen nur spielen! Monaco ist berühmt für sein Kasino, das im Stadtteil Monte Carlo liegt. Hier verzocken die Schönen und Reichen der Welt ihr Geld. Weil man dort keine Steuern zahlen muss, ziehen viele wohlhabende Leute nach Monaco.

Noch ein Zwerg: Das Fürstentum Monaco ist ein Stadtstaat und nach dem Vatikanstaat das zweitkleinste Land der Welt. Die Grenze zu Frankreich ist knapp 5,5 Kilometer lang, die Küstenlinie etwa vier. Würdest du einmal um Monaco herumlaufen, bräuchtest du für die knapp zehn Kilometer zweieinhalb Stunden.

Berühmter Korse! Korsika zählt zu den großen Mittelmeerinseln und gehört zu Frankreich. Das Eiland ist bergig und besitzt wunderschöne Strände. Der berühmteste Korse und vielleicht bekannteste Franzose heißt Napoleon Bonaparte. Er wurde 1769 in Ajaccio, der heutigen Hauptstadt von Korsika, geboren und stieg später zum Kaiser Frankreichs auf.

Hier zieht es! In der Provence, in der Provinz Languedoc, im Rhônetal und auf Korsika weht häufig ein kalter, stürmischer Fallwind, der Mistral. Deshalb kann es dort auch im sonst milden Frühling unangenehm kühl werden. Jacke einpacken!

Italien, Malta, San Marino, Vatikan

Italien ist eine Halbinsel in Südeuropa, die wie ein Stiefel aussieht. Das Land grenzt im Norden an vier Länder: Frankreich, Österreich, Schweiz und Slowenien. Der Rest des Landes liegt im Mittelmeer. Italien „beherbergt" zwei Zwergstaaten: San Marino und den Vatikan. Die Republik Malta liegt südlich von Sizilien, sie ist der kleinste Mitgliedsstaat der Europäischen Union.

Kuppel des Petersdoms

Mitten in Rom, auf dem Monte Vaticano, liegt der **Vatikanstaat**, der kleinste Staat der Welt – viele Einkaufszentren in den USA sind größer! Das Wahrzeichen des Zwergstaates ist der Petersdom. Täglich besuchen 20 000 Pilger diese Kirche.

Der Glücksbrunnen: Der Legende nach soll es Glück bringen, eine Münze über die linke Schulter in den Trevi-Brunnen in Rom zu werfen. Es heißt, dass man dann wieder nach Rom zurückkehre. Und das wollen offensichtlich viele Besucher: Pro Jahr landen knapp eine Million Euro im Brunnen. Das Geld, das die Angestellten der Stadt Rom aus dem Wasser fischen, wird an Arme gespendet.

Pizza ist eines der wenigen Worte, das Menschen auf der ganzen Welt verstehen! Erfunden wurde der belegte Teigfladen wohl in Neapel.

Spaghetti, Makkaroni, Farfalle – Italien ist das Land der Pasta. Es soll 600 verschiedene Pasta-Sorten geben. Würdest du jeden Tag eine probieren, wärst du fast zwei Jahre mit Nudel-Essen beschäftigt. Ob die Italiener auch die Erfinder der Nudeln sind? Darüber streiten sich die Wissenschaftler. Vermutlich wurden die Teigwaren an mehreren Orten unabhängig voneinander erfunden.

Höchster Punkt:
Mont Blanc in Italien und Frankreich (4810 Meter)

Das **Fußballteam von San Marino** steht meist auf dem letzten Platz der Weltrangliste. Kein Wunder, der Zwergstaat hat nur etwa 30 000 Einwohner, so viel wie die Kleinstadt Emmendingen in Baden-Württemberg. Die spielen in welcher Liga? In der Landesliga Südbaden!

Es gibt etwa 1 000 Menschen, die Staatsbürger des Vatikanstaats sind. **Wie man Vatikaner oder Vatikanerin wird?** Durch einen Job im Dienste des Papstes. Die Staatsbürgerschaft erlischt, sobald der Job weg ist. Einbürgern lassen kann man sich also nicht.

Kurz vor Afrika: Sizilien ist die größte Insel Italiens. Vom italienischen Festland ist sie nur durch die drei Kilometer breite Meerenge von Messina getrennt. Auch die Küste Afrikas ist nicht weit – nur 140 Kilometer.

Die Küste von Sizilien

Griechische Tempel auf Sizilien! Auf Sizilien kannst du spektakuläre Ruinen der alten Griechen bewundern. Was machten die alten Griechen in Italien? Sie beherrschten Teile von Sizilien und errichteten prachtvolle Gebäude, wie den Tempel von Agrigent.

Mini-Malta: Zwischen Europa und Afrika liegt im Mittelmeer die Republik Malta. Zu Malta gehören neben der Hauptinsel die Eilande Gozo und Comon sowie weitere unbewohnte Inseln. Mit 316 Quadratkilometern ist Malta etwas kleiner als die Stadt Bremen und knapp doppelt so groß wie Liechtenstein.

Maltas Hauptstadt Valletta ist berühmt für die bunten Balkone.

Afrika

Wusstest du, dass du ein Afrikaner bist? So wie jeder andere Mensch auf der Erde! Denn unsere Ur-Ur-Ur-Ahnen lebten einst in der afrikanischen Savanne. Die ältesten Funde von menschenähnlichen Wesen sind etwa drei Millionen Jahre alt und wurden in Ostafrika entdeckt. Heute leben auf diesem Kontinent etwa 600 Volksgruppen in 54 Staaten. Viele dieser Länder gehören zu den ärmsten der Welt, doch ist der Erdteil reich an Kultur und Traditionen. Nirgendwo sonst werden mehr Sprachen gesprochen – über 2000.

1 Prächtige Cheops-**Pyramide**: Die alten Ägypter waren geniale Baumeister. Vor über 4500 Jahren schufteten Tausende Arbeiter und schleppten über zwei Millionen Steine heran, um die Grabstätte für ihren Herrscher zu errichten. ↗

Die größte Stadt in Afrika heißt **Kairo**. Die Hauptstadt Ägyptens hat etwa 20 Millionen Einwohner. Zum Vergleich: In der Sahara, die so groß ist wie die USA, leben nur rund zwei Millionen Menschen.

1 Die Kamele der **Tuareg** sind die Taxis der Sahara. Die Wüstennomaden werden auch als Blaue Reiter der Wüste bezeichnet. Sie tragen blaue Kleidung, die auf ihre Haut abfärbt. →

2 Aus riesigen Felsblöcken schufen Menschen in Lalibela in **Äthiopien** vor 800 Jahren elf Kirchen. Es heißt, 40 000 Arbeiter hätten 23 Jahre lang an ihnen gemeißelt. →

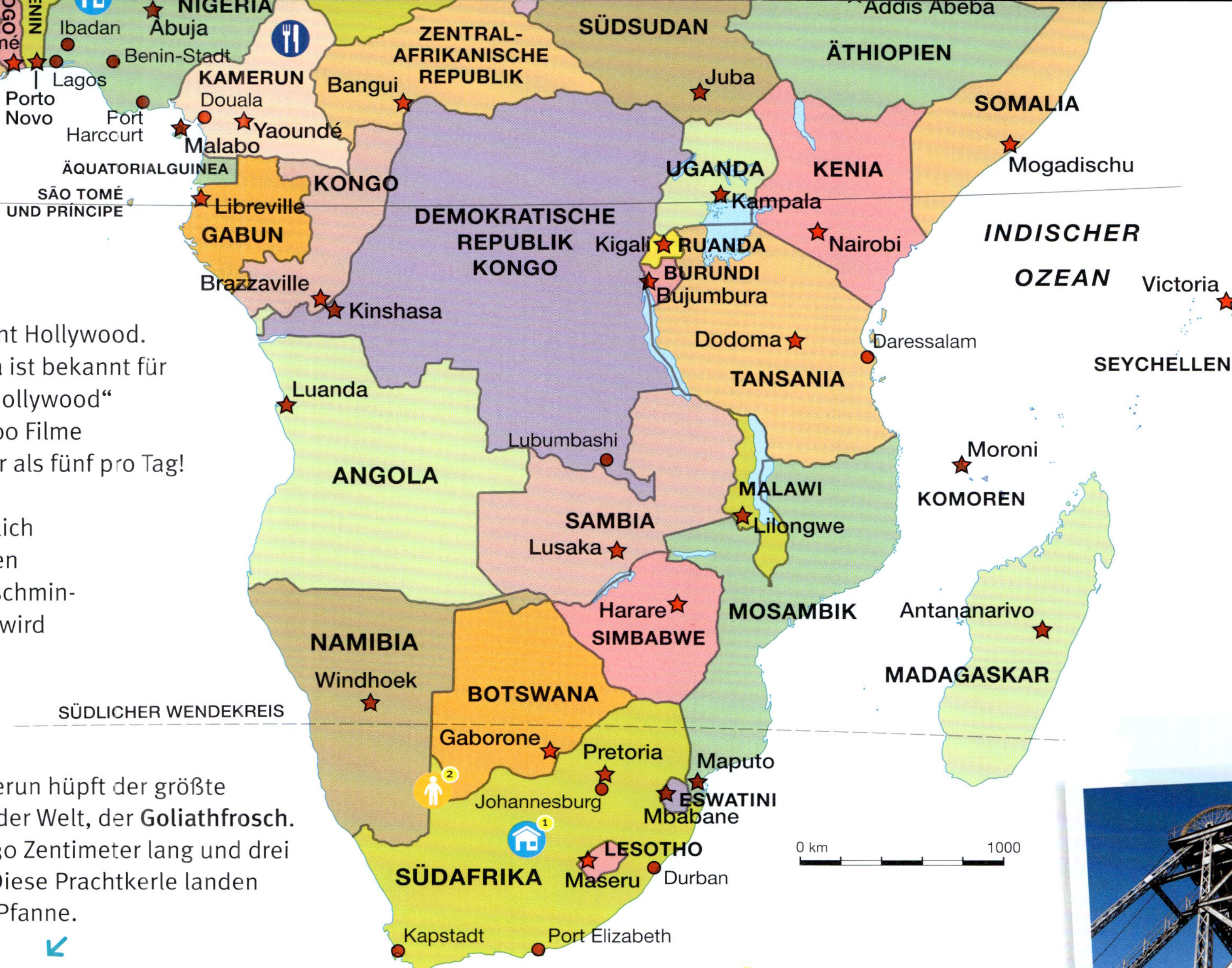

Film ab! Jeder kennt Hollywood. Doch auch **Nigeria** ist bekannt für seine Filmindustrie: In „Nollywood“ werden pro Jahr etwa 2000 Filme produziert; das sind mehr als fünf pro Tag! ←

Bei den nomadischen **Wodaabe** wird jährlich ein Schönheitswettbewerb der besonderen Art durchgeführt: Die Männer des Hirtenvolkes schminken sich, singen und schneiden Grimassen. Wer wird Schönheitskönig? Das entscheiden die Frauen. ↓

In Kamerun hüpft der größte Frosch der Welt, der **Goliathfrosch**. Er wird über 30 Zentimeter lang und drei Kilo schwer. Diese Prachtkerle landen häufig in der Pfanne. ↙

Die **San**, ein Volk, das in der Kalahari-Wüste in Südafrika, Botswana und Namibia lebt, sprechen die wahrscheinlich komplizierteste Sprache der Welt. Sie verständigen sich mit Schmatz- und Schnalzlauten.

Goldrausch: 1886 wurde bei Johannesburg in Südafrika **Gold** entdeckt. Heute kommen fast zehn Prozent des Edelmetalls von dort. Auch Diamanten kannst du in Südafrika finden. Manche sind so groß wie eine kleine Orange. Kein Wunder, dass dieses Land zu den reichsten in Afrika gehört. →

Nordwestafrika

Das **Atlasgebirge** erstreckt sich etwa 2500 Kilometer über die Staaten Marokko, Algerien und Tunesien

Afrika ist der zweitgrößte Kontinent und echt riesig. Weil dieser Erdteil so gigantisch ist, zeigen wir ihn dir in mehreren Teilen. Lerne zunächst den Nordwesten des Kontinents kennen.

Eine Unendlichkeit aus Felsen, Geröll und Sand: Das ist die **Sahara** – 25 Mal größer als Deutschland. Sie erstreckt sich vom Atlantik bis zum Roten Meer (siehe auch S. 86/87). In der größten Wüste der Welt kann es bis zu 50 Grad heiß werden, manchmal regnet es viele Jahre gar nicht. Ein Wunder, dass sich hier trotzdem viele Tiere wohlfühlen: die Sandkatze, der Sahara-Dickschwanzskorpion, die Wüsten-Hornviper und viele mehr.

Grüner Fleck in der Wüste: Eine Oase ist ein Ort in der Wüste, an dem es Wasser gibt. Und Wasser ist dort das kostbarste Gut. In Oasen bauen die Menschen Früchte in drei Stockwerken an. Unten wachsen meist Getreide und Gemüse, dann kommen kleinere Bäume wie der Granatapfelbaum, die Schatten spenden. Dattelpalmen, im dritten Stock, überragen alle anderen Pflanzen.

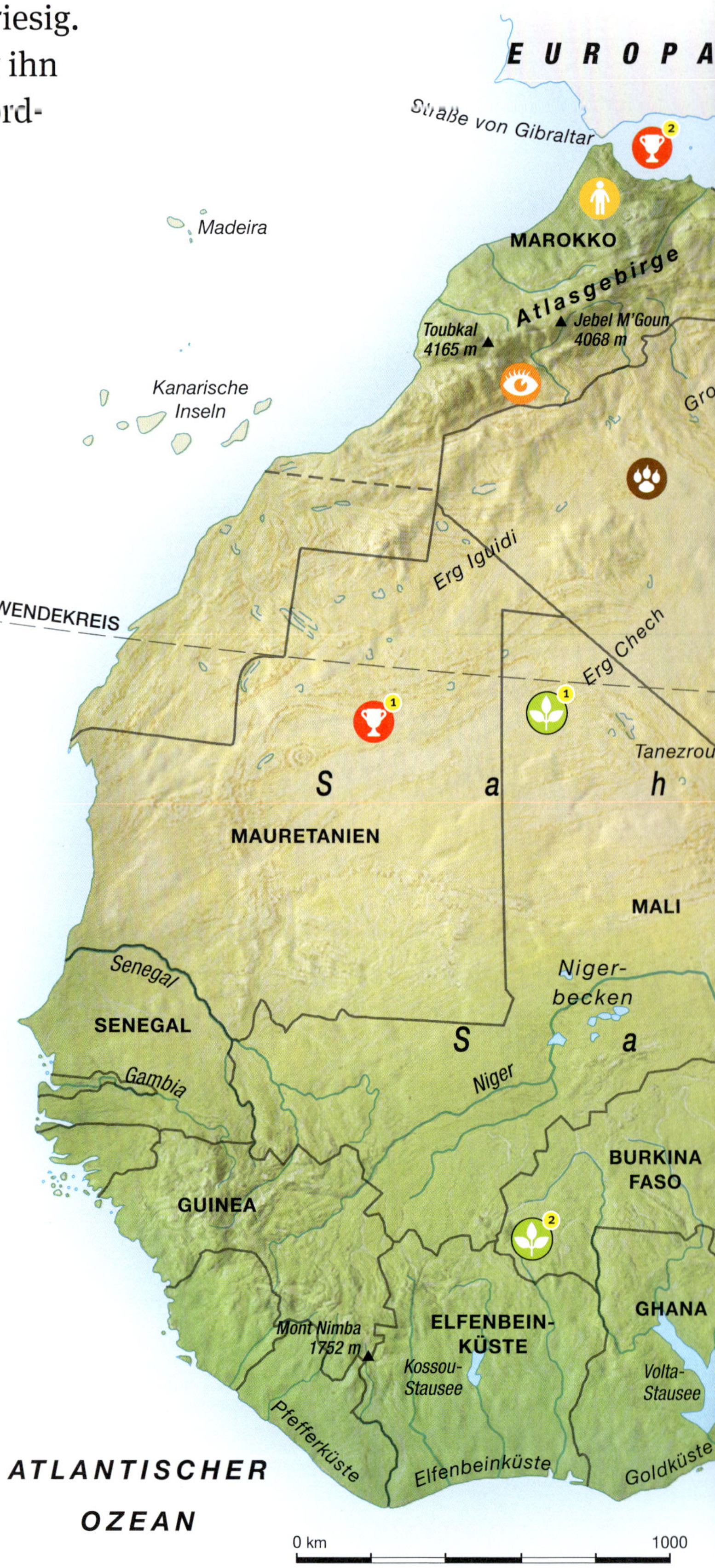

Warum hat der Wüstenfuchs so große Ohren? Damit er nicht so schwitzt. Über seine Riesenlauscher gibt das Tier Körperwärme ab. Dichtes Fell an den Pfoten schützt ihn vor dem heißen Sand.

Casablanca

Höchster Punkt:
Toubkal im Atlasgebirge
(4165 Meter)

Die **Küsten in Nordafrika** sind im Gegensatz zur Sahara und zur Sahelzone dicht besiedelt. In Casablanca, der größten Stadt Marokkos, leben etwa 3,3 Millionen Menschen.

Den Übergang zwischen der Wüste Sahara und der Savanne nennt man **Sahelzone**. Sahel heißt auf Arabisch „Ufer“. Einst war das Gebiet südlich der Sahara fruchtbar und grün. Menschen, die die Sahara durchquert hatten, kamen sprichwörtlich ans „rettende Ufer“. Heute ist die 400 Kilometer breite und 5000 Kilometer lange Sahel-Zone dagegen trocken und heiß, häufig leiden die Menschen hier Hunger.

Straße von Gibraltar

Europa ganz nah!
Die Straße von Gibraltar ist eine Meerenge, die das Mittelmeer mit dem Atlantik verbindet. Von der marokkanischen Küste kannst du bis nach Spanien gucken – dort ist Afrika nur 14 Kilometer von Europa entfernt.

ZUM KNOBELN!

Wie heißt der höchste Berg im Atlasgebirge?

Bis zu 50 Kakaobohnen stecken in einer Frucht.

Was ist der wichtigste Bestandteil von Schokolade? Logisch: Kakao! Ursprünglich stammt diese Pflanze aus Mittelamerika. Heute gibt es auch viele Kakaoplantagen in Ghana, Nigeria und der Elfenbeinküste.

Der Wüstenfuchs ist meist nachts aktiv, die heißen Tage verschläft er im Bau.

Nordostafrika

Der höchste Berg der Sahara ist mit 3415 Metern der **Vulkan Emi Koussi** im Tibesti-Gebirge im Tschad.

Das Besondere an Nordostafrika? Der Nil, ein See, der verschwindet, nackte Nagetiere mit Hasenzähnen und nochmal die Sahara.

Das **Nilkrokodil** ist das größte Reptil Afrikas, es wird bis zu sechs Meter lang. Im letzten Jahrhundert wurden viele Tiere getötet. Ihr Leder war beliebt und wurde zu Taschen und Gürteln verarbeitet. Heute stehen sie zum Glück unter Naturschutz.

Klein, aber bissig: Die **Sandrasselotter** ist nicht einmal einen Meter lang, aber extrem giftig. Diese Viper tötet in Afrika mehr Menschen als jede andere Schlangenart. Vorsicht ist geboten, wenn du ein rasselndes Geräusch hörst. Dann reibt die Sandrasselotter ihre Schuppen aneinander und zeigt so, dass sie schlechte Laune hat.

Hilfe, jemand hat den See geschrumpft!
Der Tschadsee am Südrand der Sahara war einst der größte See Afrikas und könnte in einigen Jahrzehnten verschwunden sein. In den letzten 60 Jahren ist er um 90 Prozent geschrumpft. Warum? Wegen der Erwärmung der Erde fällt in dieser Gegend immer weniger Regen. Dazu kommt, dass viel Wasser für Landwirtschaft und Staudämme aus dem See entnommen wird.

Fischer auf dem Tschadsee

Blick von der Raumstation ISS auf den Emi Koussi

ZUM KNOBELN!

1. Wie heißt das Meer, das nördlich von Libyen und Ägypten liegt?
2. Nenne das Gewässer östlich von Ägypten und Äthiopien!

Höchster Punkt:
Ras Daschan in Äthiopien
(4533 Meter)

Nacktmulle sind blind und beinahe haarlos, sie leben in großen Kolonien unter der Erde in Äthiopien, Somalia und Kenia. Diese Nager organisieren sich ähnlich wie ein Bienenstaat: Es gibt eine Königin, Arbeiter und Soldaten.

Als **längster Fluss** der Welt galt lange Zeit mit 6853 Kilometern der Nil. Dieser Rekord steht aber auf wackligen Beinen. Wissenschaftler haben den Amazonas in Südamerika neu vermessen und kommen auf eine Länge von 6992 Kilometern.

Piraten in Sicht! Am Horn von Afrika, das ist die Spitze im Nordosten des Kontinents, verlaufen wichtige Handelsrouten. Schiffe werden hier immer wieder von Piraten überfallen.

Südliches Afrika

Was es im südlichen Afrika zu entdecken gibt? Einen Regenwald, in dem unsere lieben Verwandten wohnen, Savannen, die Heimat von unzähligen Wildtieren und noch zwei Wüsten.

Das **Kongobecken** ist das zweitgrößte Regenwaldgebiet der Welt und die Heimat von 400 Säugetierarten, 1000 Vogelspezies und 10 000 Pflanzenarten. Dort leben die seltenen Berggorillas; Manatis, die in Flüssen und Seen Gräser am Boden abgrasen; und die Kongo-Graupapageien, die nicht so gut fliegen, aber umso besser klettern können.

Noch mehr Wüsten

Mehr als ein Viertel des afrikanischen Kontinents ist von Wüsten bedeckt: Die Sahara im Norden kennst du schon. Im Süden Afrikas gibt es zwei kleinere Wüsten: die **Kalahari** und die **Namib-Wüste**, dort kannst du die größten Sanddünen der Welt bestaunen – sie sind über 300 Meter hoch.

Dünen in der Namib-Wüste

Pro Sekunde stürzt an den **Victoriafällen** der Inhalt von fünf Schwimmbecken 100 Meter in die Tiefe. Dieses nasse Naturwunder liegt in der Grenzregion von Simbabwe und Sambia.

Der **Gepard** ist das schnellste Landtier der Welt. Bei der Jagd kann er auf kurzen Strecken bis zu 100 Kilometer in der Stunde schnell rennen. Allerdings hält er dieses Tempo nicht lange durch, dann ist er völlig überhitzt, außer Atem und muss Pause machen!

Höchster Punkt:
Kilimandscharo in Kenia
(5895 Meter)

Lemuren, also Halbaffen, gibt es nur auf **Madagaskar**. Weil die Insel vor 50 Millionen Jahren von Afrika abgespalten wurde, haben sich dort ungewöhnliche Tier- und Pflanzenarten entwickelt.

Gute Aussicht! Der **Tafelberg**, 1086 Meter hoch, ist das Wahrzeichen von Kapstadt, der Hauptstadt Südafrikas. Von dort aus hast du einen spektakulären Blick auf Kapstadt und das Meer.

Kapstadt mit dem Tafelberg im Hintergrund

Gesellige Kerlchen

Typisch **Erdmännchen**: Wie Orgelpfeifen stehen sie in der Grassteppe, aufrecht auf ihren Hinterbeinen. Sie blicken in die Ferne, um nach Feinden Ausschau zu halten: Schlängelt da etwa eine Kobra heran? Wenn ja, geben sie den anderen Familienmitgliedern Bescheid und flitzen gemeinsam in ihren Bau. Beim Wachehalten wechseln sie sich ab.

Schnee in Afrika? Klar doch. Der höchste Berg des Kontinents, der **Kilimandscharo**, ist schneebedeckt, obwohl er nahe am Äquator liegt und 5895 Meter hoch ist.

Die Serengeti

Der Serengeti-Nationalpark im Norden Tansanias ist eines der größten Schutzgebiete der Welt für Wildtiere. Was du dort entdecken kannst? In der Sonne dösende Löwen, grasende Zebras, Giraffen, die an Affenbrotbäumen knabbern, und noch viel mehr ...

Eine tierisch weite Reise
Hier findet jedes Jahr die größte Tierwanderung der Welt statt: Millionen Gnus, Zebras und Gazellen wandern gemeinsam und folgen dem Regen. Eine gefährliche, rund 800 Kilometer lange Reiseroute. Denn die tierischen Wanderer werden verfolgt: Löwen, Geparden, Hyänen, Geier und andere Raubtiere machen Jagd auf die kranken Tiere der Herde.

Lange Lulatsche
Sie sind ihr eigener Aussichtsturm und haben in der weiten Savanne den besten Ausblick aus sechs Metern Höhe: Giraffen. Feinde erspähen sie von da oben schon von Weitem. Praktisch ist auch, dass Giraffen an die Blätter der wenigen Savannenbäume kommen – die macht ihnen kein anderes Tier streitig.

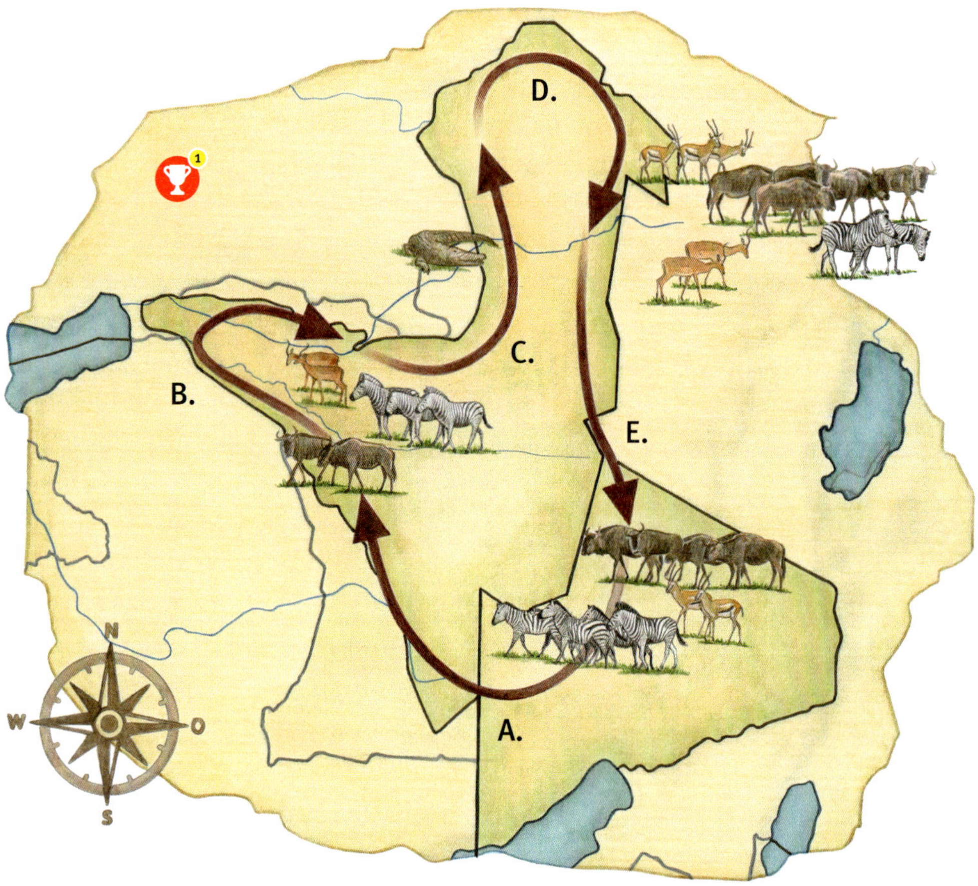

A. Dezember bis April: Die Tiere grasen im südöstlichen Buschland der Serengeti.
B. Mai: Am Ende der Regenzeit brechen die Herden – Gnus, Zebras, Antilopen – Richtung Nordwesten auf.
C. Juni: Jetzt geht es weiter Richtung Norden – zum Mara-Fluss im kenianischen Schutzgebiet Massai Mara. Hier lauern Krokodile – viele Tiere der Wandertruppe überleben diese Durchquerung nicht.
D. Juli bis Oktober: Die Herden bleiben im Massai-Mara-Nationalpark.
E. November: Wenn die Regenzeit einsetzt, machen sich Gnus, Zebras und Gazellen wieder auf den Weg Richtung Süden.

Größe: Der Serengeti-Nationalpark ist knapp 15 000 Quadratkilometer groß.

Big Five vor der Kamera

Die Besucher in den Nationalparks im südlichen Afrika wollen am liebsten die „Big Five" (sprich: Bik Faiv; deutsch: die großen Fünf) erleben und fotografieren. Das sind Leopard, Löwe, Spitzmaulnashorn, Büffel und Afrikanischer Elefant.

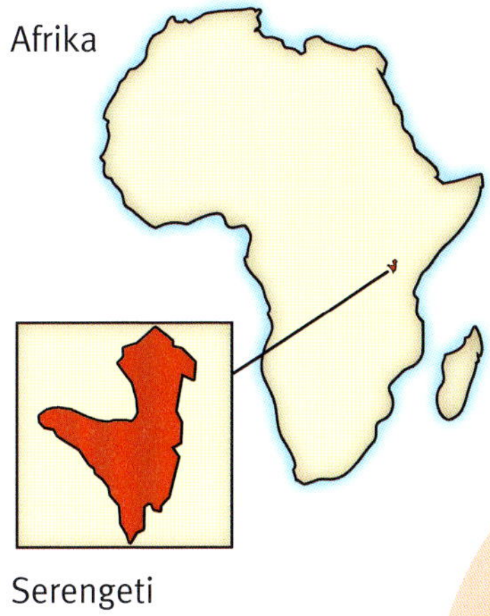

Die stolzen Krieger

Die Massai sind ein Volk von Kriegern und Viehhirten, die in Kenia und Tansania im Einklang mit der Natur leben. „Massai" bedeutet „Menschen mit Rindern".

Im weiten Grasland

Der Name Serengeti stammt aus der Sprache der Massai. Er bedeutet ins Deutsche übersetzt „endloses Land". Und genau das ist die Serengeti: eine weite Graslandschaft, auch Savanne genannt, in der sich Regenzeit und Trockenzeit abwechseln.

Ein Vogel, der nicht fliegen kann

Der Vogel Strauß ist der größte Vogel der Welt. Er wird bis zu 2,80 Meter groß und 150 Kilogramm schwer. Es ist ein Gerücht, dass er seinen Kopf in den Sand steckt, wenn es mal schwierig wird. Vielmehr wehrt er sich bei einem Angriff mit Tritten und galoppiert mit einer Geschwindigkeit von etwa 70 Kilometern in der Stunde davon (doppelt so schnell wie ein olympischer Sprinter). Fliegen kann dieser Vogel nämlich nicht.

Madagaskar

Wunderschöne Buchten, wilde Gebirge, tropischer Dschungel und geheimnisvolle Tiere, die es sonst nirgendwo auf der Welt gibt: Das ist Madagaskar, eine Insel, die im Indischen Ozean vor der Ostküste Afrikas liegt.

Lecker Affenbrot

Sie sehen aus, als hätte man sie mit den Wurzeln nach oben in die Erde gesteckt: Baobabs oder Affenbrotbäume. Sie wachsen im tropischen Afrika – und auch auf Madagaskar. Im Westen der Insel, in der Region Menebe, kannst du eine Baobab-Allee bewundern: ein etwa 250 Meter langer Weg mit etwa 25 Affenbrotbäumen. Die Bäume können bis zu 20 Meter hoch und bis zu 800 Jahre alt werden. Menschen und Tiere schätzen den Baobab wegen seiner leckeren Früchte und Samen.

Ein kleiner Puma mit Katzenkopf? Nein, ein **Fossa**. Er ist das größte Raubtier auf der Insel, das praktisch keine Feinde hat (außer Krokodile und Menschen). Der Fossa, ein prima Kletterer, jagt am liebsten Lemuren. Er frisst aber auch gerne Schlangen, Tanreks und Hühner.

Es war einmal vor vielen Millionen Jahren, da gab es einen südlichen Urkontinent, der hieß **Gondwana**. Madagaskar war damals eingezwängt zwischen dem heutigen Afrika und Indien. Vor 165 Millionen Jahren trennte sich Madagaskar von diesem Mega-Kontinent und hatte seitdem keinen Kontakt mehr zum Festland. Weit weg vom Einfluss anderer Lebewesen haben sich einzigartige Tier- und Pflanzenarten entwickelt.

Sie sind die wahrscheinlich putzigsten Tiere der Insel: **Streifentanreks**. Sie sehen aus wie eine Mischung aus Igel, Maulwurf und Streifenhörnchen. Praktisch ist ihre lange Nase. Damit wühlen sie im Erdreich und erschnüffeln ihre Lieblingsspeise: Regenwürmer.

Von Wäldern, die verschwinden

Früher war Madagaskar fast komplett mit Wald bedeckt. Heute sind nur noch etwa zehn Prozent Regenwald übrig – der Rest wurde gerodet, um Acker- und Weideland zu gewinnen. Chamäleons, Kattas und all die anderen Wildtiere verlieren allmählich ihre Heimat.

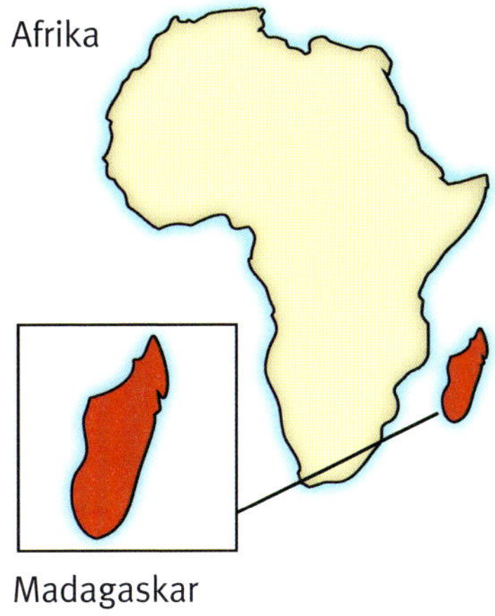

Größe:
Mit 600 000 Quadratkilometern etwas kleiner als Frankreich

Lustige Ringelschwänze

Sie sind die bekanntesten Tiere Madagaskars: Kattas. Sie sehen aus wie eine Mischung aus Waschbär, Katze und Affe. Ihren langen geringelten Schwanz benutzen die Vertreter dieser Lemurenart als Balancierstange und Steuer.

Mini-Chamäleon

Das Stummelschwanzchamäleon ist vom Kopf bis zum Schwanz nur drei Zentimeter groß – es passt auf einen Streichholzkopf und ist das kleinste Reptil der Welt. Der Winzling lebt im Laub der Wälder und ist eine von 50 Chamäleon-Arten auf der Insel. Das Mini-Reptil hat alles, was ein richtiges Chamäleon so braucht: Krallenfüße, Greifschwanz, Teleskopaugen und eine Fangzunge, die mit fünffacher Beschleunigung eines Spaceshuttles herausschießt und Fliegen fängt.

Fauch! Zisch! Fauch!

Die Madagaskar-Fauchschabe kann bis zu acht Zentimeter groß werden – so lang wie die Hand eines Erwachsenen. Wenn die Fauchschabe geärgert wird oder Angst hat, dann faucht und zischt sie. So kommt sie zu ihrem Namen.

Madagaskar ist bekannt als **Gewürzinsel**. Die Einwohner bauen heute Vanilleschoten, Kakao, Pfeffer, Zimt, Nelken und viele andere Leckereien an. Doch diese Gewürze kommen ursprünglich gar nicht von dort, sondern aus vielen anderen Ecken der Welt.

Westasien

Diese Region ist eine der spannendsten der Welt. Hier bauten Menschen erstmals Getreide an, züchteten Vieh und wurden sesshaft. Sie erfanden die erste Schrift und die Schule. In Westasien entstanden drei große Weltreligionen: das Judentum, das Christentum und der Islam.

Vor 7000 Jahren war **Mesopotamien**, das Gebiet des heutigen Irak und Syrien, das geistige Zentrum der Welt. Hier entwickelte das Volk der Sumerer die erste Schrift, erfand das Rad und – die Schule. Damals wurden Bilder und Zeichen in Tontafeln geritzt, die als Schulbücher dienten.

1 **Erste Bauern:** Im heutigen Iran begann der Mensch vor etwa 10 000 Jahren, Weizen zu züchten und Ziegen zu zähmen. Er ließ sich nieder und wurde Bauer. Dadurch entstanden Dörfer und Städte, Kunst und Kultur. Vorher lebten die Menschen als Jäger und Sammler.

Felsendom und Klagemauer

1 In **Jerusalem** liegen drei heilige Stätten der drei großen Weltreligionen ganz nahe beieinander: der Felsendom der Muslime, die Klagemauer der Juden und die Grabeskirche der Christen.

2 Nach **Mekka** pilgern jedes Jahr Millionen Muslime. Im Koran, das ist die heilige Schrift der Muslime, heißt es, dass jeder Gläubige einmal im Leben diese heilige Stadt in Saudi-Arabien besuchen sollte. Nichtmuslime dürfen die Stadt dagegen nicht betreten.

Pilger umrunden die Kaaba

2 Sie gelten als die edelsten und schönsten Pferde der Welt: **Vollblut-Araber**. Sie stammen ursprünglich von der Arabischen Halbinsel und wurden von Beduinen gezüchtet. Beduinen sind Wüstenbewohner, die mit ihren Herden auf der Suche nach Wasser und Weideland umherziehen.

ZUM KNOBELN!

Wie heißt die Hauptstadt von Oman? Kleiner Tipp: Die Antwort klingt so ähnlich wie ein Gewürz.

EUROPA
Istanbul
Izmir
Bursa
Ankara
TÜRKEI
Adana
Nikosia
ZYPERN
Gaziantep
GEORGIEN
Tiflis
ARMENIEN
Eriwan
Aleppo
Beirut
LIBANON
SYRIEN
ASERBAIDSCHAN
Baku
Jerusalem
PALÄSTINA
Damaskus
Täbris
Mosul
ISRAEL
Amman
JORDANIEN
IRAK
Bagdad
Karadsch
Teheran
Ghom
Meschhed
Basra
Ahvaz
Isfahan
Kuwait-Stadt
KUWAIT
IRAN
Medina
SAUDI-ARABIEN
Schiras
Dschidda
Mekka
Riad
BAHRAIN
Manama
Doha
KATAR
Dubai
VEREINIGTE ARABISCHE EMIRATE
Abu Dhabi
Maskat
Sanaa
OMAN
JEMEN
0 km
1000
INDISCHER OZEAN
Sokotra (JEMEN)
AFRIKA

Westasien

Westasien reicht von der Türkei über die Arabische Halbinsel bis in das Hochland des Iran. Hier findest du eine gigantische Sandwüste und ein Meer, in dem du nicht untergehst.

1 Meer aus Sand: Die **Rub al-Chali** → in Saudi-Arabien ist die größte zusammenhängende Sandfläche der Welt. Deutschland würde zwei Mal in sie hineinpassen. Rub al-Chali ist Arabisch und heißt übersetzt „leeres Viertel". Der Name passt, denn dort gibt es weder Flüsse noch Seen, weder Dörfer noch Städte.

2 Das **Tote Meer** ist gar kein Meer, sondern ein riesiger See ohne Abfluss. Es enthält große Mengen Salz. Das Wasser hat deshalb eine hohe Dichte. Sie übersteigt deutlich die des menschlichen Körpers, der deshalb im Toten Meer wie ein Korken auf der Wasseroberfläche schwimmt. →

←

Steinreich oder besser gesagt: ölreich! In einigen Ländern Westasiens (etwa in Saudi-Arabien, Iran und Irak) lagert sehr viel Erdöl. Dieser Rohstoff ist sehr wertvoll, weil man damit heizen und Plastik daraus herstellen kann. Erdöl bringt Wohlstand für die Staaten in diesem Gebiet, ist aber auch verantwortlich für die Verschmutzung der Umwelt.

Natur und Tiere

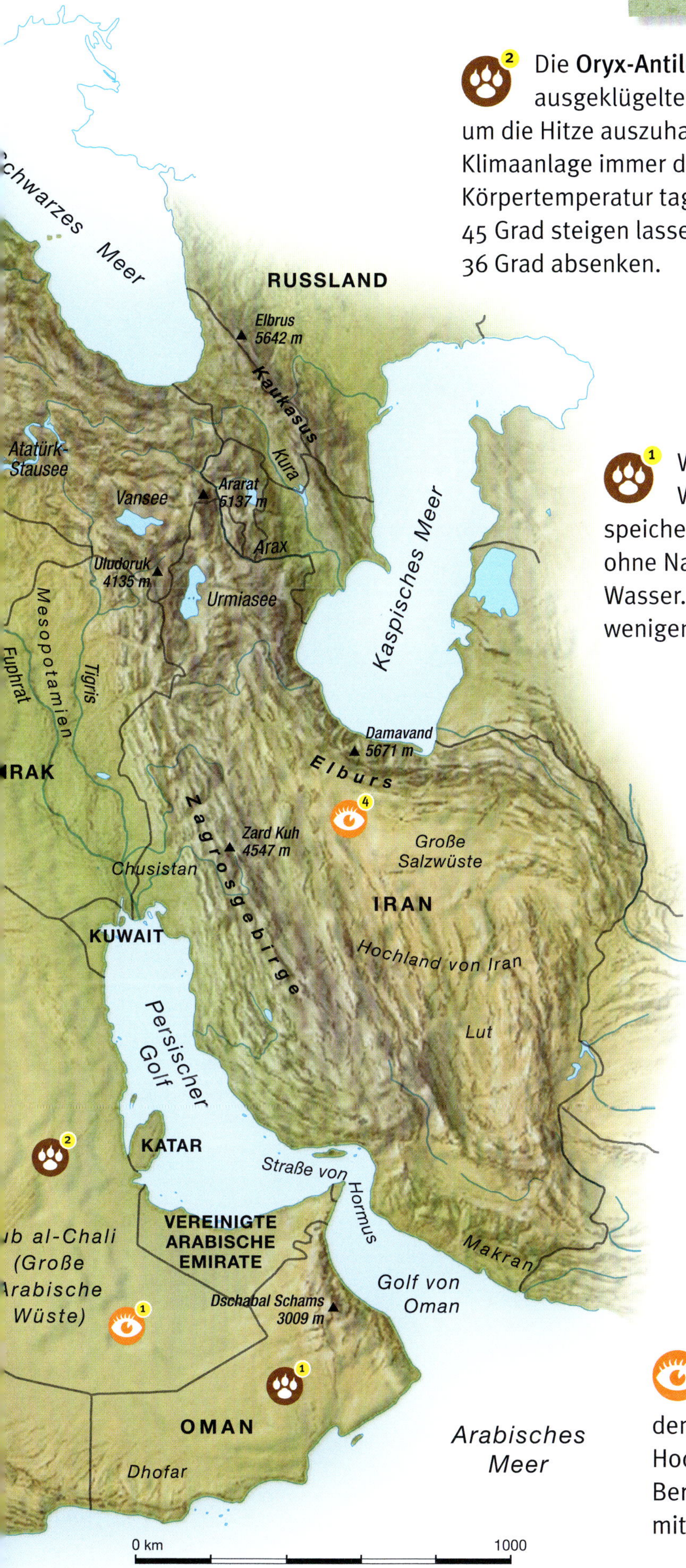

Die **Oryx-Antilope** hat einen ausgeklügelten Trick entwickelt, um die Hitze auszuhalten: Sie hat ihre Klimaanlage immer dabei und kann ihre Körpertemperatur tagsüber auf über 45 Grad steigen lassen und nachts auf 36 Grad absenken. →

Was befindet sich im Höcker eines **Dromedars**? Wasser? Nein, Fett. Das ist ein wichtiger Energiespeicher. Deshalb können die einhöckrigen Kamele lange ohne Nahrung auskommen. Auch brauchen sie wenig Wasser. Wenn es mal welches gibt, schlabbern sie in wenigen Minuten bis zu 150 Liter.

↘

Der Damavand im Elburs-Gebirge ist ein ruhender Vulkan.

ZUM KNOBELN!

Wie heißen die beiden Flüsse, die in der Türkei entspringen und in den Persischen Golf münden?

↗

Das **Elburs-Gebirge** im Nordiran liegt zwischen dem Kaspischen Meer und dem Hochland von Iran. Der höchste Berg ist der Vulkan Damavand mit 5671 Metern.

Ein Wadi ist ein Fluss, der nur manchmal Wasser führt. Davon gibt es auf der Arabischen Halbinsel viele. Einer der schönsten ist **Wadi Rum in Jordanien**. Wind und Wasser haben im Laufe der Jahrtausende tolle Gebilde aus Sandstein geschliffen, etwa Felsen, die aussehen wie Pilze. →

Südasien

Komm mit nach Südasien! Es ist eines der am dichtesten besiedelten Gebiete der Welt. Allein in Indien leben etwa 1,4 Milliarden Menschen – so viele wie in China.

Einen Tee, bitte! Nach Wasser ist Tee das Getränk, das weltweit am meisten konsumiert wird. Tee kommt ursprünglich aus China, wird aber inzwischen auch in anderen Ländern angebaut, etwa im Hochland von Sri Lanka. Die Insel hieß übrigens früher Ceylon – und diesen Namen kannst du noch heute auf vielen Schwarztee-Packungen lesen.

Das **Tadsch Mahal** ist eines der schönsten Gebäude der Welt. Der Großmogul Schah Dschahan ließ die Grabstätte im 17. Jahrhundert von 20 000 Arbeitern errichten – zu Ehren seiner Lieblingsfrau.

Tierische Helfer: In einigen asiatischen Ländern, wie etwa in Indien, Myanmar und Sri Lanka, werden **Indische Elefanten als Arbeitstiere** eingesetzt. Sie tragen Menschen, Baumstämme und andere Lasten.

Ein Junge bestaunt ein Filmplakat in den Straßen von Mumbai.

In Indien werden mehr als 800 Filme im Jahr produziert – mehr als in Hollywood. Häufig wird in Mumbai – früher Bombay – gedreht. Die Filme, die aus dieser Region kommen, werden deshalb Bollywood-Filme (Wortkreuzung aus **Bo**mbay und Ho**llywood**) genannt.

Reinwaschen am Fluss: Die meisten Inder sind Anhänger der Religion des **Hinduismus.** Sie glauben an die Wiedergeburt nach dem Tod. Jedes Jahr pilgern über eine Million Gläubige in die Stadt Varanasi, um im Tempel zu beten und anschließend im Fluss Ganges zu baden. Ihr Glaube sagt, dass sie so ihre Sünden abwaschen können.

Verehrte Kuh! Etwa 80 Prozent der Inder sind Hindus. Und für Hindus sind Kühe heilig. Deshalb werden diese Tiere nicht geschlachtet und gegessen. Man darf sie noch nicht mal verscheuchen, selbst wenn sie einem auf der Straße den Weg versperren.

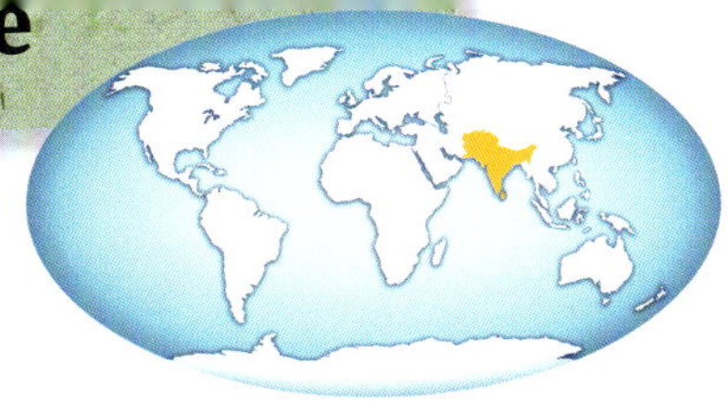

Es ist wahrscheinlich der älteste Mannschaftssport der Welt: **Polo**. Das ist eine Art Hockey auf Pferden. Erfunden wurde dieser Sport vermutlich etwa 600 vor Christus im heutigen Pakistan. Im Hindukusch, einem Hochgebirge, wird heute noch das ursprüngliche Polo gespielt – praktisch ohne Regeln, Hauptsache, der Reiter purzelt nicht vom Pferd. →

ZUM KNOBELN!

1. Wie viele Millionenstädte gibt es in Indien?
2. Wie heißt die Hauptstadt von Bhutan?

Viel Glück!

Im Königreich Bhutan steht „Glück" in der Verfassung – und auf dem Stundenplan der Schüler. Die Menschen sollen lernen, nach Glück zu streben – und nicht nach Geld. ↗

Südasien

Entdecke die Wunder Südasiens: den höchsten Berg der Welt, einen Nationalpark, in dem Tiger herumstreifen, und lerne eine riesige Frucht kennen.

Wie grüne Augen im blauen Meer: So sehen die Malediven von oben aus.

Kennst du das flachste Land der Welt? Die **Malediven**, eine 870 Kilometer lange Kette von Koralleninseln, liegen im Indischen Ozean. Keine Erhebung der etwa 1190 Inseln ist höher als 2,50 Meter. Für Taucher sind diese Koralleneilande ein Paradies. Doch das ist in Gefahr: Wenn der Meeresspiegel wegen des Klimawandels weiter steigt, verschwinden die traumhaft schönen Inseln wohl für immer.

Sieht friedlich aus, aber im Hindukusch-Gebirge herrscht schon seit Jahren Krieg.

Der **Hindukusch** ist ein Hochgebirge in Afghanistan und Pakistan. Der höchste Berg ist der Tirich Mir (7690 Meter). Dort leben Wildtiere wie Schneeleoparden, Wölfe, Luchse und viele andere. Eine Reise in dieses Hochgebirge ist aber nicht zu empfehlen. Seit vielen Jahren herrscht dort Krieg.

Gefährlich: Wer im Nationalpark Sunderban mit dem Boot durch die Mangrovensümpfe des Ganges-Deltas schippert, kann schon mal von einem der dort lebenden **Tiger** angegriffen werden.

Der **Mount Everest** liegt im **Himalaja-Gebirge** und ist mit 8849 Metern der höchste Berg der Welt.

In Teilen von Indien, Bangladesch und Nepal regnet es von Juni bis September wochenlang. Es ist die Zeit des Monsuns. Der Begriff **Monsun** kommt vom arabischen Wort „Mausin“ und heißt Jahreszeit.

Hey, guck mal, wie groß ich bin! Die **Brillenschlange** hat eine gewitzte Strategie entwickelt, ihren Gegnern Angst einzujagen: Sie hebt ihren halben Körper vom Boden, spreizt ihre Halswirbel und zeigt ihre Zeichnung am Halsschild, die aussieht wie ein Gesicht, das zu einem größeren Tier zu gehören scheint. Mögliche Angreifer sollten sich sowieso aus dem Staub machen: Der Biss der giftigen Brillenschlange ist tödlich. →

↗

Sie ist die größte Frucht der Welt, eine ganze Schulklasse könnte sich an ihr satt essen: Eine Jackfrucht wiegt bis zu 25 Kilogramm, so viel wie etwa 125 Äpfel.

Der Himalaja

Schneebedeckte Gipfel, Leoparden mit „Schneeschuhen“, prunkvolle Klöster und Mönche in roter Kleidung: Das alles findet man im höchsten Gebirge der Welt – im Himalaja in Asien.

In der Todeszone: Oberhalb von 7000 Metern ist die Luft so sauerstoffarm, dass sich Bergsteiger selbst beim Rasten nicht mehr erholen. Wenn sie nicht zügig wieder absteigen, sterben sie.

Wer im Winter klettern geht, braucht eine Spezialausrüstung. Das gilt für zweibeinige Bergsteiger – und genauso für Raubkatzen wie den **Schneeleoparden**. Die Natur hat ihn perfekt ausgestattet: Er trägt nämlich immer „Schneeschuhe“ – seine Pfoten sind groß und flauschig. Dadurch verteilt sich das Gewicht der Raubkatze beim Laufen über Schnee so gut, dass sie nicht einsinkt.

Für die Menschen im Himalaja sind **Yaks, eine Rinderart**, überlebenswichtig. Weil sie laut grunzen, nennt man sie auch Grunzochsen. Sie liefern Fleisch, Milch, Wolle, Felle und der Dung dient als Brennstoff. Außerdem kann man auf ihnen reiten und sie transportieren auch Lasten. Die Wildform dieser Rinderart ist fast ausgestorben. Es grasen weniger als 10 000 Wildyaks auf abgelegenen Hochweiden.

Die höchste Müllkippe der Welt: Jährlich klettern Hunderte Abenteurer auf den Mount Everest. Dabei hinterlassen sie viel Abfall: leere Sauerstoffflaschen, Essensverpackungen, alte Zelte. Ein neues Gesetz verpflichtet jetzt die Bergsteiger, ihren Müll wieder mit ins Tal zu nehmen.

← **Die ersten Menschen auf dem Gipfel** des Mount Everest: 1953 bestiegen der Neuseeländer Edmund Hillary und Tenzing Norgay vom Volk der Sherpa das 8849 Meter hohe „Dach der Welt“.

Ungewöhnlicher Rekord:
Der Kailash in Tibet ist der heiligste Berg im Himalaja.

Geier haben einen schlechten Ruf – auch die **Schneegeier des Himalaja,** die auf 4000 bis 5000 Metern Höhe nisten und brüten. Warum? Weil sie nicht selbst jagen, sondern sich von Aas ernähren, also von toten Tieren. Doch die Geier erfüllen dabei eine wichtige Aufgabe: Sie sind eine Art fliegendes Bestattungsunternehmen. Indem sie die Kadaver fressen, halten sie die Umwelt sauber und verhindern, dass sich Krankheitserreger ausbreiten und Seuchen ausbrechen.

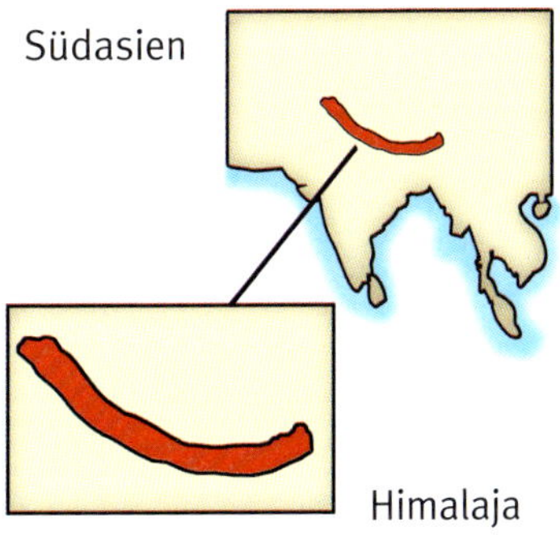

Auf hohen Bergen hat man Ruhe vor Spinnen? Stimmt nicht. Eine schwarz behaarte **Springspinne** mit dem wissenschaftlichen Namen *Euophrys omnisuperstes* lebt am Mount Everest auf über 6000 Metern Höhe in Gletscherspalten. Sie ernährt sich von gefrorenen Insekten, die der Wind in diese Höhe getragen hat.

Dunkle Knopfaugen, weißes Stupsnäschen und roter Puschelschwanz – das ist der **Rote Panda,** häufig auch Kleiner Panda genannt. Das süße Tierchen gibt den Wissenschaftlern Rätsel auf! Ist er ein echter Panda, verwandt mit seinem schwarz-weißen Cousin? Oder ist er eher eine Art Fuchs? Die Forscher haben ihm einen eigenen Familiennamen gegeben: *Aluridae.* Was er aber mit seinem großen Cousin, dem Pandabären, teilt, ist die Liebe zum Bambus.

Sie sind die Nationalblumen Nepals: **Rhododendren**. Weltweit gibt es 1000 Arten, die meisten davon gedeihen in Asien. Im Himalaja wachsen sie zwischen 1500 und 4000 Metern Höhe und blühen dunkelrot, zartrot, pink und weiß.

Nordasien und Zentralasien

Möchtest du endlich einmal deine Ruhe haben? Dann könnten dir Nord- und Zentralasien gut gefallen. Dort gibt es riesige, kaum besiedelte Gebiete: Der Norden von Sibirien und die Wüste Gobi sind fast menschenleer. Langweilig wird es dort aber trotzdem nicht. Wie wäre es mit einem Trip mit der Transsibirischen Eisenbahn oder einem Besuch bei Rentier-Nomaden?

Vor fast 500 Jahren ließ der als grausam verschriene Zar Iwan der Schreckliche die wunderschöne **Basilius-Kathedrale** mit ihren zauberhaften Zwiebeltürmen in Moskau bauen. Der Grund? Er hatte einen Sieg gegen die Mongolen errungen.

Kostbarer **Kaviar:** Die Eier des Beluga-Störs sind sehr begehrt und teuer. Ein Kilogramm Fischeier kostet bis zu 6000 Euro. Die Kügelchen schmecken cremig und sahnig. Die Störe sind leider vom Aussterben bedroht.

Wauwau im Weltall: Hündin **Laika** wurde vom Raketenstartplatz Baikonur 1957 mit dem Satelliten „Sputnik 2“ ins All geschossen – als erstes Lebewesen überhaupt. Leider ohne Rückflugticket, denn es war damals technisch noch nicht möglich, zurück zur Erde zu fliegen.

Länder und Leute

Die **Nenzen** wandern mit großen Rentierherden jedes Jahr 2000 Kilometer über die russische Halbinsel Jamal. Die Kinder dieses Nomadenvolkes sind allerdings nur in den Ferien mit dabei. Sie müssen zur Schule wie du. Im August werden sie mit dem Hubschrauber zurück ins Internat geflogen.

Die **Transsibirische Eisenbahn** ist die längste Eisenbahn der Welt. Sie führt von Moskau nach Wladiwostok. Man braucht für die mehr als 9000 Kilometer etwa sieben Tage.

Ein Erlebnis: die Reise mit der Transsibirischen Eisenbahn

Keins ist größer: **Russland** ist das größte Land der Welt, der westliche Teil liegt in Europa, der östliche in Asien.

Ganz schön kalt! Warm anziehen solltest du dich, wenn du die Hauptstadt der **Mongolei**, Ulan-Bator, besuchst. Sie ist die kälteste Hauptstadt der Welt. Die Jahresdurchschnittstemperatur beträgt minus zwei Grad.

ZUM KNOBELN!

1. Wie viele Millionenstädte gibt es im asiatischen Teil Russlands?
2. Welche russische Großstadt liegt am Pazifik?

Nordasien und Zentralasien

Würde man Wölfe, Bären, Tiger, Schneeleoparden, Nonnenkraniche und Walrosse fragen, wo sie am liebsten leben würden, wäre die Antwort wohl: in Nord- und Zentralasien. Hier gibt es viel Platz und diesen Tierarten macht das raue Klima wenig aus. In Sibirien kann es bis zu minus 60 Grad Celsius kalt werden. Vor der Kälte schützen sich die Tiere mit einem warmen Fell, einer dicken Fettschicht oder einem dichten Federkleid.

Die **sibirische Taiga** ist das größte zusammenhängende Waldgebiet der Welt, hier wachsen vor allem Kiefern, Fichten und Tannen.

↓

← Schon mal was von **Kasachstan** gehört? Nein? Erstaunlich, denn es ist fast so groß wie Indien und eines der rohstoffreichsten Länder der Welt. Dort lagern Kohle, Erdgas, Erdöl und Gold.

Der **Baikalsee** ist mit 1600 Metern der tiefste, mit 25 Millionen Jahren der älteste und außerdem der wasserreichste See der Welt. Er enthält mehr Wasser als die Ostsee.

In Sibirien streifen nur noch etwa 500 **Sibirische Tiger** durch die Gegend. Diese Katzen sind vom Aussterben bedroht, weil Wilderer die Tiere erschießen, um deren Knochen nach China zu verkaufen. Dort wird ein Pulver daraus gemacht, von dem einige Menschen glauben, dass es Rheuma und Malaria heile.

Die Wüste **Gobi**, die in der Mongolei und Nordchina liegt, ist einer der besten Fundorte für Dinosaurierknochen und versteinerte Dino-Eier. Etwas Zeit und Geduld musst du trotzdem mitbringen, wenn du suchen willst: Die Gegend ist felsig und eine Million Quadratkilometer groß.

Trampeltiere sind sehr robust: Sie halten Temperaturen von minus 50 bis plus 50 Grad Celsius aus. In ihren beiden Höckern speichern sie Fett. Deshalb können sie lange Zeit ohne Nahrung auskommen. Wenn es in der Wüste ausnahmsweise etwas zu trinken gibt, schlabbern sie in zehn Minuten 120 Liter weg, so viel, wie in eine Badewanne passt.

Ost- und Südostasien

Alleine bist du in dieser Region der Welt sehr selten. Denn China, Japan und einige Länder Südostasiens sind sehr dicht bevölkert. Zusammen mit Indien hat China die größte Bevölkerung.

Der **Fugu**, ein Kugelfisch, ist in Japan ein absoluter Leckerbissen. Doch manche Körperteile sind sehr giftig! Köche müssen eine extra Ausbildung machen, um ihn zubereiten zu dürfen.

Arbeit im Reisfeld

Heiß auf Reis: **Reis** ist die wichtigste Nutzpflanze der Welt. Für mehr als die Hälfte der Menschen auf der Welt ist Reis das Hauptnahrungsmittel. Er wird vor allem in Asien angebaut: 90 Prozent der Weltproduktion kommen von dort.

Buddha-Statue

Das Leben: ein Kreislauf. Daran glauben viele Menschen in Thailand, Vietnam, Laos und anderen südostasiatischen Ländern. Ihren Glauben nennt man **Buddhismus**. Sie sind davon überzeugt, dass Menschen nach dem Tod wiedergeboren werden.

Kung Fu wurde vor etwa 1500 Jahren von buddhistischen Mönchen in China erfunden. Sie wollten sich nach dem langen Stillsitzen und Beten ein bisschen bewegen. Entstanden ist ein Kampfsport ohne Waffen. Heute trainieren Menschen in der ganzen Welt Kung Fu und andere asiatische Kampfsportarten wie Karate oder Judo.

Lhasa, Hauptstadt von Tibet

Tibet ist das höchstgelegene Land der Erde. Im Jahr 1950 marschierten chinesische Truppen ein. Bei den Kämpfen wurden viele Tibeter verletzt oder getötet und zahlreiche ihrer heiligen Klöster zerstört. Seit dieser Zeit sagt China, dass das Gebiet zu seinem Staatsgebiet gehört. Die Tibeter wären aber lieber unabhängig.

Länder und Leute

Rein mit dir! **Tokio** ist die größte Stadt der Welt. Etwa 38 Millionen Menschen leben dort. Kein Wunder, dass es in den U-Bahnen manchmal ganz schön eng wird. Deshalb gibt es „Drücker" in Uniform, die die Passagiere in die Züge pressen. →

Das längste Bauwerk der Welt: Die **Chinesische Mauer** ist über 20 000 Kilometer lang und wurde vor etwa 2000 Jahren von etwa 300 000 Sklaven erbaut, um Feinde aus dem Norden abzuwehren. →

Die **Orang Laut** sind Seenomaden, die jahrhundertelang nur auf Booten lebten. Sie segelten mit ihren schwimmenden Häusern zwischen Indonesien und den Philippinen, zwischen Malaysia und den Molukken hin und her. Heute wohnen viele Orang Laut in Hütten auf Stelzen. ↓

Kinder der Orang Laut

Ost- und Südostasien

Stinkende Schönheit! Die Titanenwurz ist die größte Blume der Welt. Sie stinkt aber auch im Wortsinn zum Himmel. Der Geruch von toten Tieren lockt Fliegen und Käfer an.

Magst du lieber das Meer oder die Berge, lieber Vulkane oder Wüsten? Wenn du dich nicht entscheiden kannst, ist diese Gegend genau richtig: Vulkaninseln in Südostasien, Wüsten in China und Gebirge in Korea und Japan.

1 Lebende Drachen? Der **Komodowaran** ist die größte Echse unseres Planeten und ähnelt den Drachen aus Fantasy-Büchern. Er wird bis zu drei Meter lang und einhundert Kilo schwer. Außerdem ist er ein flinker Jäger. Seine Spucke enthält ein Gift, mit dem er seine Beute lähmt.

1 Dieses Land ist das reinste Feuerwerk! In Indonesien gibt es mehr aktive **Vulkane** als in jedem anderen Land der Erde – über 130. Auf der Insel Java spuckt der 3676 Meter hohe Semeru seit 30 Jahren ununterbrochen Feuer. Er ist einer der gefährlichsten Vulkane der Erde.

2 **Orang-Utans** sind die größten Baumsäugetiere der Welt. Und sie sind sehr schlau: Sie benutzen Werkzeuge und bauen sich Schlafnester aus Zweigen und Blättern. Leider sind sie vom Aussterben bedroht. Denn ihr Lebensraum, der Regenwald, wird abgeholzt.

Sie sehen einfach zum Knuddeln aus: die **Großen Pandas**. Die pummeligen Bambusfresser, die in Zentralchina leben, stehen auf der Roten Liste der bedrohten Arten. Es gibt nur noch etwa 1600 Exemplare. →

Tsunamis sind gigantische Wellen, die durch Erdbeben im Meer ausgelöst werden. Je näher sie der Küste kommen, desto höher türmen sie sich auf. Treffen sie auf Land, können sie ganze Landstriche zerstören und Menschen töten.

Der Jangtsekiang ist mit 6380 Kilometern der längste Fluss Asiens und der drittlängste der Welt. An einer Stelle wird er vom **Drei-Schluchten-Damm** zu einem gigantischen See aufgestaut. 13 Städte und etwa 4500 Dörfer mussten den Fluten weichen – ihre Bewohner wurden umgesiedelt. ↓

Drei-Schluchten-Damm

Tokio

In Tokio gibt es fast alles – außer Platz. Denn Tokio ist die größte Stadt der Welt: Im Zentrum leben fast zehn Millionen Menschen, zählt man alle Vorstädte dazu, sind es 38 Millionen (neun Mal mehr als in Berlin). Logisch, dass es in so einer Metropole oft hektisch und laut ist. Zum Glück gibt es viele Parks, in denen man entspannen kann.

Die ersten Menschen besiedelten Tokio um das Jahr 3000 vor Christus. Lange war die Stadt nur ein kleines Fischerdorf mit Namen Edo. Erst als der Ort 1868 Hauptstadt von Japan wurde, bekam er den Namen „Tokio“, zu deutsch „Östliche Hauptstadt“.

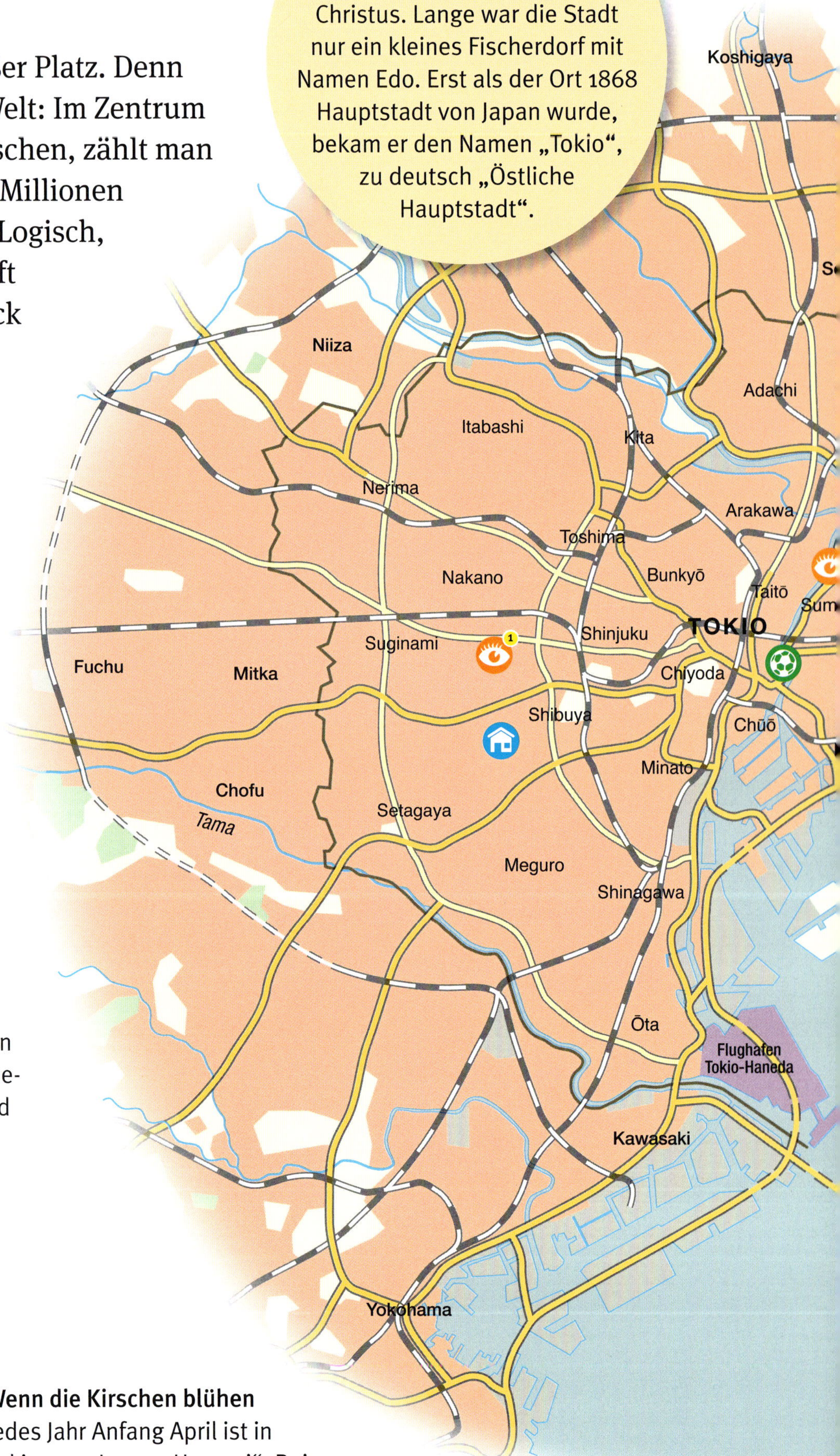

↑

Wie sehe ich aus?
Interessierst du dich für Mode und neue Trends? Dann würdest du bei einem Besuch in Tokio vermutlich direkt im Stadtviertel Harajuku im Bezirk Shibuya aufschlagen. Hier gibt es viele hippe Läden, schicke Boutiquen und angesagte Cafés. Die jungen Japanerinnen und Japaner treffen sich dort und spazieren mit ihren ausgeflippten, oft bunten Klamotten durch die Straßen.

←

Wenn die Kirschen blühen
Jedes Jahr Anfang April ist in Tokio und in ganz Japan „Hanami“. Beim Kirschblütenfest wird die Schönheit dieser Bäume gefeiert – bei einem Picknick im Park mit der Familie, mit Freunden und Kollegen. Besonders schön ist es im Park Shinjuku Gyoen, dort stehen über 1000 Kirschbäume.

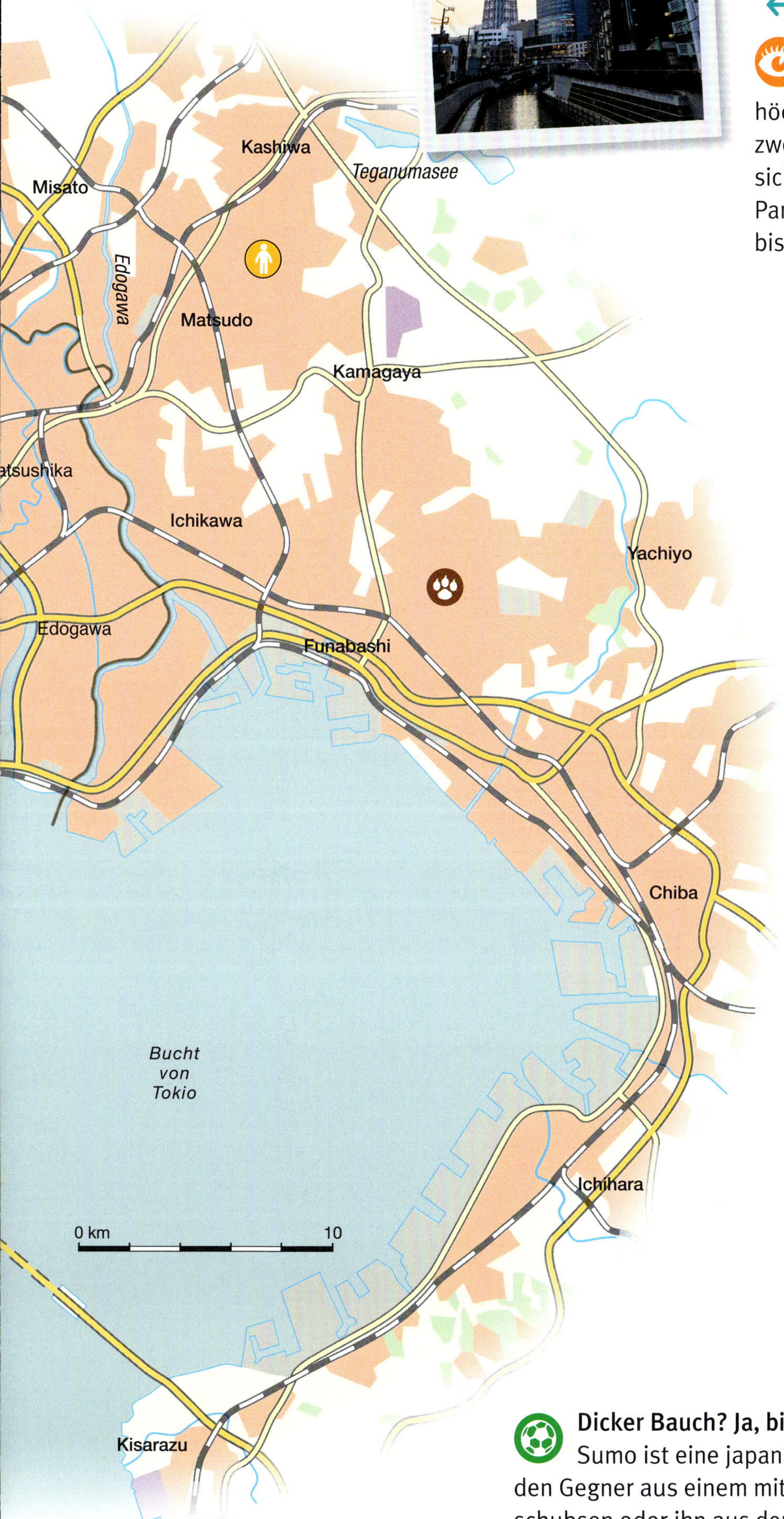

Rekord:
Der Shinyuku-Bahnhof hat die meisten Passagiere weltweit.

Eine gute Aussicht hat man vom 634 Meter hohen Tokio Skytree (sprich: Skaitrie)! Der höchste Fernsehturm der Welt ist gleichzeitig das zweithöchste Bauwerk der Erde. Auf zwei Aussichtsplattformen kannst du das fantastische Panorama genießen – und an guten Tagen sogar bis zum Vulkan Fudschijama gucken.

Tierisch in Tokio
Katzencafés sind typisch japanisch: Man kann dort Kakao trinken und gleichzeitig Stubentiger streicheln. Es gibt in Tokio aber nicht nur Lokale für Katzenfans, sondern auch Cafés zum Eulengucken, Hasenherzen und Schlangenbestaunen. Da die meisten Japaner in winzigen Wohnungen leben und Haustiere oft verboten sind, verbringen sie gerne Zeit in Tier-Cafés.

Dicker Bauch? Ja, bitte!
Sumo ist eine japanische Art des Ringens. Es geht darum, den Gegner aus einem mit einem Seil abgesteckten Kreis zu schubsen oder ihn aus dem Gleichgewicht zu bringen. Es gilt: Wer viel wiegt, ist klar im Vorteil. Viele Sumo-Hallen und Sumo-Schulen gibt es im Bezirk Ryōgoku.

Borneo

Das Tabin-Wildreservat ist ein wichtiges Schutzgebiet im Norden der Insel. Hier lebt der Borneo-Elefant, eine zwergwüchsige Unterart des Asiatischen Elefanten.

Auf Borneo in Südostasien wachsen die ältesten und artenreichsten Regenwälder der Welt. Dort leben gewitzte Pflanzen, gelenkige Menschenaffen, kleine Nashörner, lustige Vögel und viele Lebewesen mehr. Doch dieses tropische Inselparadies im südchinesischen Meer ist bedroht.

1 Eine ungewöhnliche Art, Eier auszubrüten, haben die **Rhinozerosvogel**-Weibchen: Sie mauern sich mit Kot und Urin in eine Baumhöhle ein – lassen nur einen Spalt offen, legen dann ihre Eier und brüten sie aus. Die Männchen bringen Futter und stecken es durch den Spalt. Mit diesem Kerkertrick schützen die Vögel sich und ihre Jungen vor Affen und Schlangen.

2 **Nase vorn!** Einen mächtigen Zinken haben männliche **Nasenaffen**! Bis zu zehn Zentimeter lang kann der Geruchskolben werden. Vermutlich gehört die Riesengurke zum Schönheitsideal im Urwald: Je länger die Nase, desto beliebter sind die Jungs bei den Mädels.

3 Der Akrobat unter den Raubkatzen ist der **Nebelparder**. Er kann mit Kopf voran einen Baum hinablaufen oder hängt sich mit nur einer Hinterpfote kopfüber an einen Ast. Bei großen Sprüngen nutzt er seinen langen Schwanz als Balancierstange – so erwischt er Affen, Vögel und Hörnchen. Hirsche und Wildschweine jagt der Nebelparder aber am Dschungelboden – er ist dort mit seiner ungewöhnlichen Fellzeichnung gut getarnt.

Borneo blüht: Nirgendwo auf der Welt wachsen mehr Orchideen als auf dieser Insel: mehr als 1700 Arten, darunter die schönsten, seltensten und bedrohtesten – und es werden immer wieder neue Orchideen entdeckt.

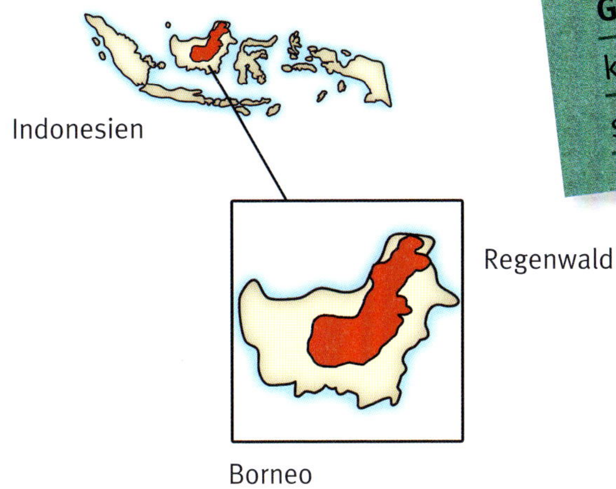

Größe: 750 000 Quadratkilometer, mehr als doppelt so groß wie Deutschland

Zu unseren nächsten Verwandten im Tierreich zählen die **Orang-Utans**: Die rot bezottelten Menschenaffen schwingen sich geschickt von Ast zu Ast, bauen sich nachts Nester in die Kronen der Urwaldriesen und decken sich mit Laub zu. Kein Wunder, dass die streng geschützten Orang-Utans in der Sprache der Einheimischen „Waldmenschen" heißen.

Tschüss, Regenwald?
Der artenreiche Dschungel auf Borneo wird abgeholzt, die Wälder und die darin lebenden Tiere sind stark bedroht. Ein Grund dafür ist: Der Regenwald muss Ölpalm-Plantagen weichen. Aus ihren Früchten wird Palmöl gemacht, das in alle Welt verkauft wird. Das ist ein Pflanzenfett, das in vielen Lebensmitteln und anderen Produkten wie Waschmitteln und Kerzen steckt.

Das **Sumatra-Nashorn** ist mit einer Größe von etwa 1,50 Meter und einem Gewicht von fast einer Tonne das kleinste der fünf Nashornarten – und das bedrohteste. Die zwei Hörner dieses Dickhäuters, der in Sumatra und auf Borneo lebt, werden ihm oft zum Verhängnis. Wilderer machen Jagd auf die seltenen Tiere und verkaufen das Horn, das in der asiatischen Medizin sehr geschätzt und teuer gehandelt wird.

Gut zu wissen: Borneo ist nach Grönland und Neuguinea die drittgrößte Insel der Welt.

Australien, Neuseeland und Ozeanien

Australien ist nicht nur eine gigantische Insel, sondern auch der kleinste aller Kontinente und ein riesiger Staat. Er ist etwa 22 Mal so groß wie Deutschland, aber es leben dort nur 24 Millionen Menschen. Auch Neuseeland ist dünn besiedelt. Dort wohnen knapp fünf Millionen Menschen – und etwa 40 Millionen Schafe. Ozeanien besteht aus Tausenden von Inseln, die in drei Gruppen unterteilt werden: Mikronesien, Melanesien und Polynesien.

Das schwerste Geld der Welt
Die Währung der Yap-Inseln ist tonnenschwer: Die Menschen bezahlen mit Steinringen, „Rai“ genannt, die bis zu vier Meter Durchmesser haben können. Dieses Geld wird aber nicht unter dem Kopfkissen versteckt oder zur Bank gebracht. Nein, es ist für alle gut sichtbar vor dem Haus ausgestellt. Bei besonders wichtigen Geschäften kommt das Steingeld noch zum Einsatz. Die offizielle Währung ist inzwischen aber der US-Dollar.

Die Ureinwohner
Die Aborigines leben seit etwa 50 000 Jahren in Australien. Die Ankunft europäischer Siedler vor etwas mehr als 200 Jahren war eine Katastrophe für diese Menschen: Sie verloren ihr Land, wurden verschleppt und manche sogar getötet. Erst im Jahr 2008 entschuldigte sich der Staat Australien bei den Aborigines für dieses Unrecht.

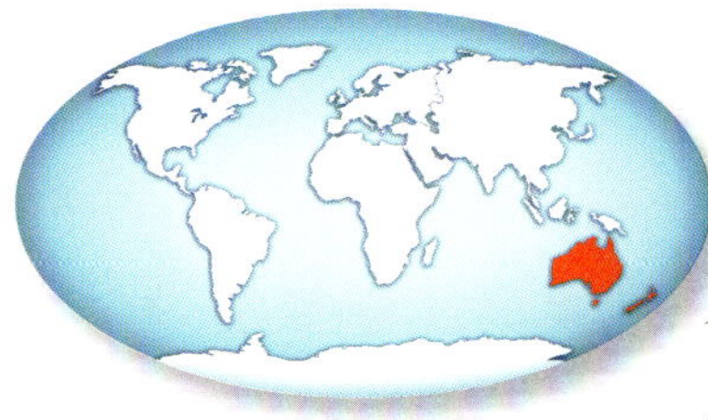

Die Macadamia-Nuss ist äußerst nahrhaft.

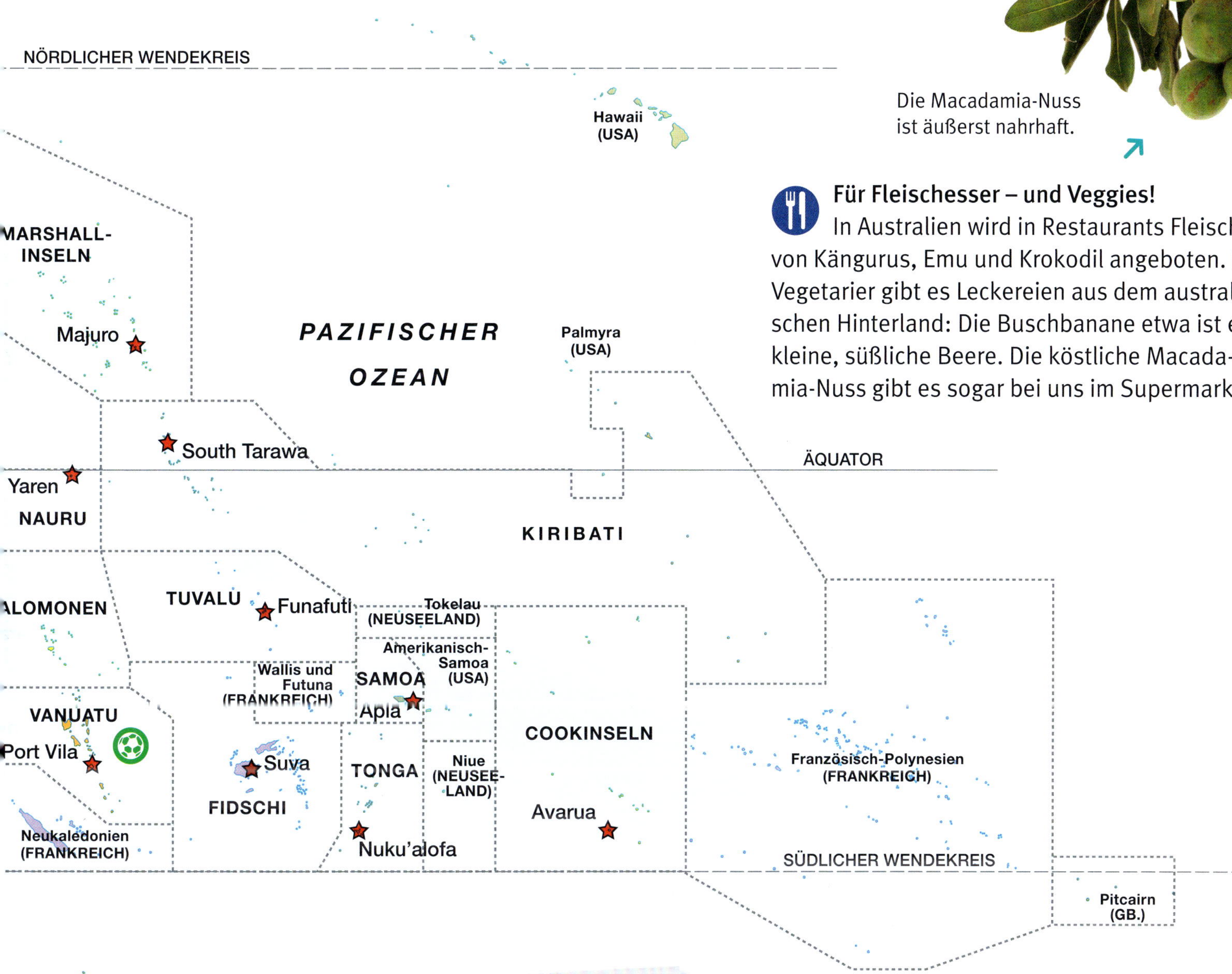

Für Fleischesser – und Veggies! In Australien wird in Restaurants Fleisch von Kängurus, Emu und Krokodil angeboten. Für Vegetarier gibt es Leckereien aus dem australischen Hinterland: Die Buschbanane etwa ist eine kleine, süßliche Beere. Die köstliche Macadamia-Nuss gibt es sogar bei uns im Supermarkt.

Muschel oder Segelschiff? Keins von beidem! Es ist ein Opernhaus und das Wahrzeichen der australischen Stadt Sydney, gleichzeitig ist es eines der markantesten und berühmtesten Gebäude der Welt.

Und hopps! Auf Vanuatu springen Männer kopfüber von einem 30 Meter hohen Holzturm. Sie sind dabei nur mit Lianen-Tauen an den Knöcheln gesichert.

Australien, Neuseeland und Ozeanien

Komm mit auf eine Reise ans andere Ende der Welt: nach Australien, Neuseeland und Ozeanien – nach „down under“ (sprich: daun ander; deutsch: unten drunter). Das heißt so, weil diese Länder südlich des Äquators liegen. Du kannst dort viele spannende Tiere wie Krokodile, Haie und Beuteltiere entdecken und faszinierende Natur erleben.

Uluru nennen die Aborigines, die Ureinwohner Australiens, diesen heiligen Felsen aus rotem Sandstein. Das bedeutet: „Schatten spendender Platz“. Andere Leute sagen zu dem Berg, der sich 350 Meter über seine Umgebung erhebt, Ayers Rock.

↓

Schule mit Klick: Viele Kinder im australischen Outback, dem „Hinterland“, könnten im Schlafanzug zum Unterricht kommen. Sie lernen zu Hause – über das Internet. Der Weg zur nächsten Schule wäre für sie viel zu weit.

← Mitte der 1990er-Jahre entdeckte ein Ranger im Wollemi-Nationalpark einen merkwürdigen Nadelbaum und nahm einen Zweig mit. Forscher fanden bald heraus, dass die nächsten Verwandten der **Wollemi-Kiefer** über 50 Millionen Jahre alt sind – ein lebendes Fossil!

Fläche: 8,6 Millionen km²
Rekord: Der *Uluru* ist der größte Felsblock der Welt.

Natur und Tiere

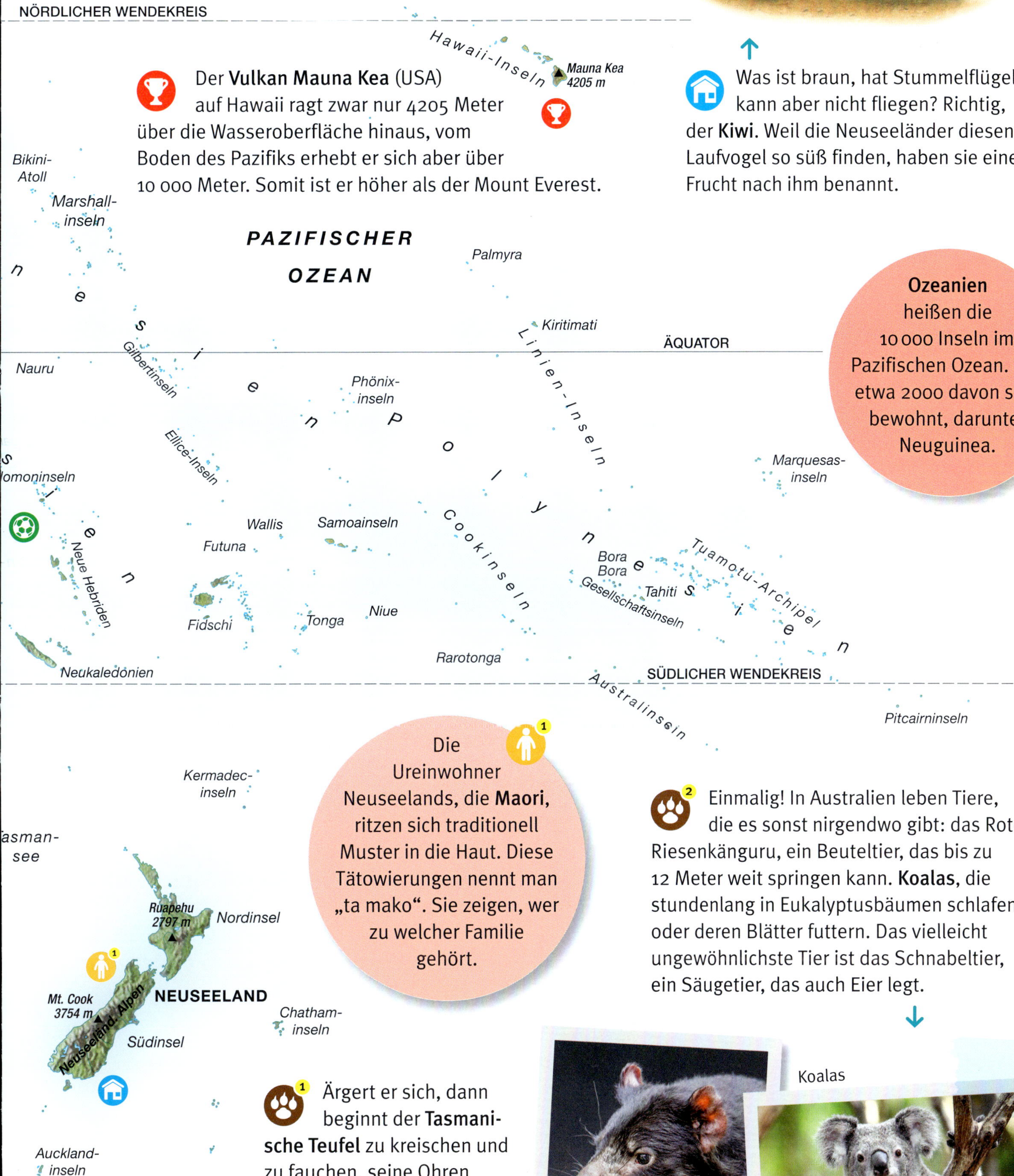

Der **Vulkan Mauna Kea** (USA) auf Hawaii ragt zwar nur 4205 Meter über die Wasseroberfläche hinaus, vom Boden des Pazifiks erhebt er sich aber über 10 000 Meter. Somit ist er höher als der Mount Everest.

Was ist braun, hat Stummelflügel, kann aber nicht fliegen? Richtig, der **Kiwi**. Weil die Neuseeländer diesen Laufvogel so süß finden, haben sie eine Frucht nach ihm benannt.

Ozeanien heißen die 10 000 Inseln im Pazifischen Ozean. Nur etwa 2000 davon sind bewohnt, darunter Neuguinea.

1 Die Ureinwohner Neuseelands, die **Maori**, ritzen sich traditionell Muster in die Haut. Diese Tätowierungen nennt man „ta mako“. Sie zeigen, wer zu welcher Familie gehört.

2 Einmalig! In Australien leben Tiere, die es sonst nirgendwo gibt: das Rote Riesenkänguru, ein Beuteltier, das bis zu 12 Meter weit springen kann. **Koalas**, die stundenlang in Eukalyptusbäumen schlafen oder deren Blätter futtern. Das vielleicht ungewöhnlichste Tier ist das Schnabeltier, ein Säugetier, das auch Eier legt.

1 Ärgert er sich, dann beginnt der **Tasmanische Teufel** zu kreischen und zu fauchen, seine Ohren werden rot und er zeigt die Zähne.

Koalas

Großes Barriereriff

Das Große Barriereriff ist das längste Korallenriff der Welt. Es erstreckt sich über mehr als 2300 Kilometer entlang der australischen Ostküste, das entspricht der Entfernung zwischen Hamburg und Athen. Es besteht aus etwa 3000 Einzelriffen und bedeckt eine Fläche größer als Italien. In diesem Naturwunder leben ähnlich viele Tier- und Pflanzenarten wie in tropischen Wäldern.

Wo grast die Seekuh?
Am Meeresboden! Seekühe, auch Dugongs genannt, sind Vegetarier – wie ihre muhenden Namensvettern – und weiden auf Seegraswiesen des Großen Barriereriffs. Da sie Säugetiere sind, müssen sie regelmäßig zum Atmen an die Wasseroberfläche. Dugongs besitzen eine dreieckige Schwanzflosse, werden bis zu vier Meter lang und bis zu 900 Kilogramm schwer – trotz ihrer Größe sind sie sehr friedlich. Seekühe sind übrigens nicht mit Kühen verwandt, sondern mit Elefanten.

Gemeinsam stark!
Kennst du den Anemonenfisch, seit dem Film „Findet Nemo" besser als Clownfisch bekannt? Der orange-weiß-schwarz-gestreifte Kerl hat unter Wasser ganz besondere Freunde: Seeanemonen. Der Clownfisch wohnt zwischen den Tentakeln der Seeanemone, die eigentlich giftig sind. Als Gegenleistung fürs „Mitwohnendürfen" schützt der Clownfisch die Anemone vor Fressfeinden und überlässt ihr seine Fischfutterkrümel.

Bald tot?
Leider ist das Große Barriereriff bedroht: vor allem durch die Erwärmung des Klimas. Steigt die Temperatur des Wassers, stoßen die Korallen die Algen ab – und erbleichen. Einige Forscher schätzen, dass bis zum Jahr 2050 fast alle Korallen abgestorben sein werden.

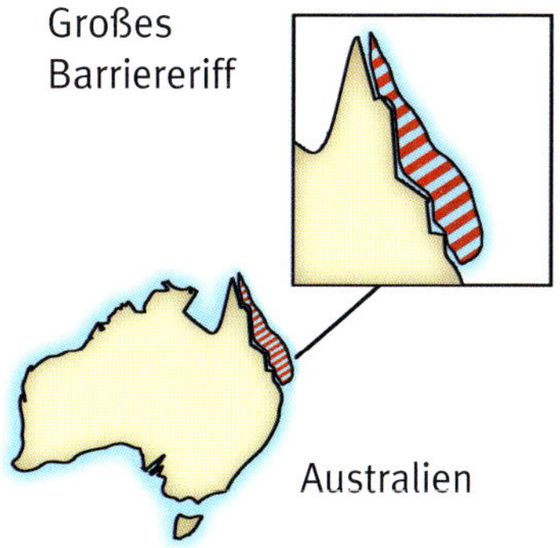

Rekord: Das Große Barriereriff ist das größte von Lebewesen geschaffene Bauwerk

Der giftigste Fisch der Welt

Alles so schön bunt hier! Nur einer ist felsengrau-braun: Der Steinfisch lebt gut getarnt am Meeresboden, gräbt sich in den Grund ein und lauert dort auf seine Beute. Die Stacheln seiner Rückenflosse funktionieren wie Spritzen – mit ihnen verpasst er seinen Feinden ein tödliches Gift.

Paradies für Schildkröten

Meeresschildkröten leben schon seit mehr als 250 Millionen Jahren auf unserer Erde. Sie sind die Vagabunden der Meere, legen sie doch bis zu 100 Kilometer am Tag zurück. Das Große Barriereriff ist einer ihrer Lieblingsorte.

Der sanfte Riese

Der Walhai ist kein Säugetier, sondern der größte lebende Fisch unserer Ozeane. Er ist so lang wie ein Bus, kann zwölf Tonnen schwer werden und in seinem Maul hätte ein Auto Platz. Der friedliche Gigant mit dem blau gepunkteten Rücken schwimmt mit offenem Maul durchs Riff und filtert seine Nahrung – winzige Krebse, kleine Fische, Quallen – aus dem Wasser!

Die Baumeister der Riffe

Korallen sehen aus wie Blumen – doch es sind Tiere, sogenannte Polypen. Die Algen, die in ihnen leben, sorgen für die bunte Farbe der Korallen, die oft auch „Blumentiere“ genannt werden. Korallen bestehen hauptsächlich aus Kalk und sind fest mit dem Meeresboden verwachsen. Nach dem Tod einer Koralle gedeihen die Nachfahren einfach auf dem alten Kalkskelett weiter – so entstehen über Jahrtausende riesige Korallenriffe.

Nordamerika

Eishockeyspieler in Kanada, die Freiheitsstatue in New York, ein Weltraumbahnhof und Riesenköpfe aus einer anderen Zeit – das und noch viel mehr kannst du auf diesem Erdteil entdecken.

Kennst du das Wahrzeichen Kanadas? Es ist **das Ahornblatt,** das auf der kanadischen Flagge zu sehen ist. Aus dem Pflanzensaft des Zuckerahornbaumes machen die Kanadier Ahornsirup. Lecker schmecken Waffeln mit Ahornsirup, ein beliebtes Frühstück in Kanada und den USA. →

Das Wahrzeichen Amerikas, die **Freiheitsstatue,** stammt aus Frankreich. Sie wurde dort vor über hundert Jahren gebaut, zerlegt und nach New York verschifft. Eine Gabe der Franzosen an die Amerikaner zum Andenken an die Amerikanische Revolution. →

ZUM KNOBELN!

1. Wie heißt die große Insel im Nordosten, die politisch nicht zu Amerika gehört?
2. Nenne die nördlichste Millionenstadt dieses Kontinents!

Ein Schnäppchen: Russland verkaufte **Alaska** an die USA für gerade einmal 7,2 Millionen Dollar.

Nix für Zuckerschnuten: Bereits die **Maya und Azteken**, frühe Indianervölker, ließen sich Kakao schmecken. Allerdings war dieses Getränk nicht süß, sondern scharf. Sie würzten es mit Pfefferschoten.

An der heutigen mexikanischen Golfküste lebte einst das Volk der Olmeken. Sie schufen kolossale Köpfe aus Stein. Außerdem liebten sie das Ballspiel in Freiluft-Stadien.

Kanada ist nach Russland das zweitgrößte Land der Welt. Deutschland würde etwa 28 Mal in den nordamerikanischen Staat hineinpassen.

Die **Golden Gate Bridge** im US-Bundesstaat Kalifornien ist die wahrscheinlich am häufigsten fotografierte Brücke der Welt. Auf sechs Fahrspuren und zwei Geh- und Radwegen kann man von San Francisco nach Marin County fahren oder laufen.

Auf zum Mars! Wenn Astronauten irgendwann einmal zum Mars fliegen, dann geht's vermutlich am Kennedy Space Center in Florida los. Das ist ein Weltraumbahnhof der NASA. Von dort aus starteten bislang die meisten bemannten Raumflüge der USA – auch die Apollo-Missionen zum Mond.

Mexiko-Stadt, die Hauptstadt von Mexiko, ist mit etwa 20 Millionen Einwohnern die größte Stadt Mittelamerikas und die drittgrößte der Welt.

Nordamerika

Streunen Eisbären und Jaguare auf ein und demselben Kontinent? Ja, denn der Erdteil Nordamerika ist sehr vielfältig und groß. In den eisigen Polarregionen des Nordens leben die weißen Riesen, die Raubkatzen jagen im Dschungel im Süden. Was es dazwischen noch so zu entdecken gibt, siehst du auf dieser Seite.

3 Eisbären live erleben? Das geht vermutlich nirgendwo besser als in Churchill in der kanadischen Provinz Manitoba in Kanada. Dieses 800-Einwohner-Örtchen gilt als „Hauptstadt der Eisbären“. Wenn die Hudson Bay zufriert, beginnt die Jagdsaison für die etwa 900 weißen Riesen – die jagen auf Eisschollen nach Robben. Durch den Klimawandel setzt die Eisschmelze immer früher ein und so wird die Jagdzeit der Eisbären kürzer. Sie haben weniger Zeit, sich für die Sommermonate ein Fettpolster anzufuttern. Im schlimmsten Fall verhungern sie.

Von Kanada im Norden bis fast nach Mexiko im Süden reicht die 4800 Kilometer lange Gebirgskette mit dem Namen **Rocky Mountains.**

ZUM KNOBELN!

Wie heißt das Gebirge im Osten der USA, in dem der Mount Mitchell liegt?

Bissiges Großmaul: Der **Mississippi-Alligator** lebt in den Sümpfen, Seen und Flüssen im Südosten der USA, wird bis zu sechs Meter lang und 500 Kilogramm schwer. Wenn die Echse mit ihrem mächtigen Kiefer und den spitzen Zähnen zubeißt, haben Fische, Säugetiere und Vögel kaum eine Chance zu entkommen.

Der **Feigenkaktus** ist das Symbol Mexikos und ziert die Landesflagge. Die rote Frucht, die Kaktusfeige, verwenden die Mexikaner für Getränke, zum Kochen, als Medizin und für Kosmetik.

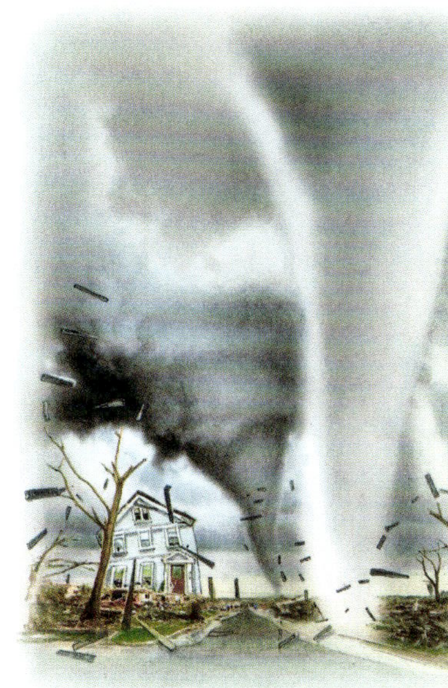

Trauriger Rekord: In den USA gibt es mehr Tornados als an jedem anderen Ort der Welt – etwa 1000 im Jahr, die meisten davon im Mittleren Westen.

Ewiger Teenager! Der **Axolotl** sieht aus wie ein Fisch mit Beinen. Er wird nie erwachsen, also zu einem Salamander. Er bleibt sein Leben lang im Larvenstadium. Verliert er ein Körperteil, zum Beispiel ein Bein, wächst es schon innerhalb weniger Monate nach.

New York

New York City ist die wohl berühmteste Stadt der Welt. Sie liegt an der Ostküste der USA und ist mit über acht Millionen Einwohnern die größte Stadt der Vereinigten Staaten, aber nicht die Hauptstadt.

Verwundete Stadt
Am 11. September 2001 steuerten Terroristen zwei entführte Passagierflugzeuge in die zwei Hochhaustürme des World Trade Center. Tausende Menschen starben, darunter viele Rettungskräfte. Ein Mahnmal erinnert heute an dieser Stelle – am Ground Zero – an die Opfer.

Dame in 350 Einzelteilen
Was für ein Geschenk! Die 93 Meter hohe und über 200 Tonnen schwere Freiheitsstatue war ein Geschenk der Franzosen an die Amerikaner – als Dank für ihre Unabhängigkeit von den Engländern. Die Freiheitsstatue kam in 350 Einzelteilen per Schiff und steht seit 1886 auf Liberty Island.

Vom Sumpf zum Super-Park
Er ist der größte künstlich geschaffene Park der Welt: der Central Park, der mitten in Manhattan liegt und den jährlich 35 Millionen Menschen besuchen. Der Park ist sogar größer als der Vatikanstaat und das Fürstentum Monaco.

Kojoten, Seehunde und Falken!
Wilde Tiere in New York? Auch wenn es in dieser Stadt oft eng ist, finden wilde Tiere grüne und ruhige Oasen. Kojoten und Füchse streifen durch Straßenschluchten und Falken nisten auf Hochhäusern. An einigen Stränden der Stadt gibt es sogar Seehunde!

Do you speak English?
Über 800 Sprachen werden in New York gesprochen – mehr als in jeder anderen Stadt der Welt. Knapp die Hälfte der New Yorker redet zu Hause kein Englisch. Etwa jeder vierte New Yorker spricht Spanisch.

Rekord:
Über 100 Milliardäre leben im Stadtgebiet.

Die an den Wolken kratzen
Typisch New York? Klar, die Hochhäuser. Es gibt über 6000 von ihnen, mehr als in jeder anderen Stadt der Welt. Eines der bekanntesten ist das Empire State Building. Es war 40 Jahre lang das höchste Gebäude überhaupt.

ZUM KNOBELN!

1. Wie heißt der Stadtbezirk nördlich von Manhattan?
2. Welcher Fluss trennt die Stadtbezirke Brooklyn und Staten Island?

Elefantöser Test
Die Brooklyn Bridge ist eines der Wahrzeichen New Yorks. Die 486 Meter lange Hängebrücke verbindet Manhattan und Brooklyn und überspannt den East River. Kurz nach ihrer Fertigstellung im Jahr 1883 gab es Zweifel an der Stabilität der Brücke. Also wurde „Jumbo“, ein sieben Tonnen schwerer Zirkuselefant, mit seinen 20 Elefantenfreunden über die Brücke geschickt. Zum Glück hielt sie!

Der Yosemite-Nationalpark

Mammutbäume, Schwarzbären, Klapperschlangen inmitten einer faszinierenden Berglandschaft – das und noch viel mehr hat der Yosemite-Nationalpark zu bieten. Er ist eines der ältesten Naturschutzgebiete der USA und liegt in der Sierra Nevada, im Osten des US-Bundesstaates Kalifornien.

Der **Half Dome**, ein 2693 Meter hoher Granitbuckel, ist das Wahrzeichen des Yosemite-Tals und sehr beliebt bei Extremkletterern. Die Nordwestwand geht vom Tal etwa 1500 Meter quasi senkrecht zum Gipfel.

1 **Amerikanische Schwarzbären** sind Allesfresser. Sie futtern Eicheln, Beeren, Nüsse und Knollen, genauso wie Fische, Vogeleier und Mäuse. Auch die Vesperpakete der Parkbesucher verschmähen sie nicht. Allerdings ist das Füttern der Tiere strengstens verboten. Denn die Bären gewöhnen sich an die Mahlzeiten und werden grantig und gefährlich, wenn es nichts mehr gibt. Übrigens sind nicht alle Schwarzbären schwarz, im Westen der USA sind sie eher braun.

Das Yosemite-Tal wurde ursprünglich von den Ahwahneechee-Indianern bewohnt. Heute zeigt ein Museumsdorf den Besuchern, wie sie gelebt haben, ehe sie aus ihrer Heimat vertrieben wurden.

2 Der **Puma**, auch Silberlöwe oder Berglöwe genannt, ist ein Meister im Hochsprung. Er könnte aus dem Stand auf einen Balkon im zweiten Stock springen. Übrigens gehört der Puma zu den Kleinkatzen, obwohl er größer ist als Jaguar oder Nebelparder. Er kann nämlich nicht wie die Großkatzen brüllen. Dafür zischt, knurrt, pfeift und schnurrt er.

Größe:
3081 Quadratkilometer,
größer als das Saarland

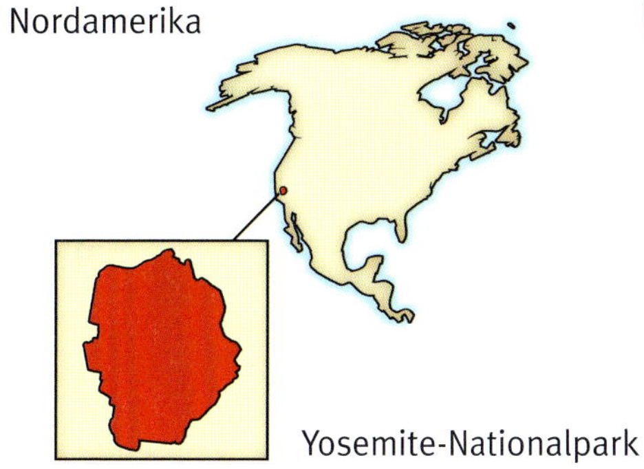

Für immer treu sind sich Herr und Frau Steinadler. Die beiden bauen sich ihren Horst in die Felsen oder in den Baumkronen. Dort brütet die Adlermama die Eier aus, meist schlüpfen bis zu drei Küken. Bringen die Eltern zu wenig Nahrung nach Hause, kommt es vor, dass das älteste Geschwisterchen die jüngeren tötet.

Weltweit gibt es mehr als 1300 Fledermausarten. Sie leben in allen Ecken der Erde, außer in der Arktis und der Antarktis. Im Yosemite-Nationalpark fühlen sich mehr als 15 Fledermausarten wohl, etwa die Westliche Bulldoggenfledermaus.

Wer hat die größten Hörner? Diesen Kampf tragen die männlichen **Dickhornschafe** zu zweit aus – Kopf an Kopf, Horn an Horn. So ein Kräftemessen kann manchmal mehr als 24 Stunden lang dauern. Was hat der Sieger davon? Er darf sich mit den Weibchen paaren. Diese wilden Schafe sind auch hervorragende Kletterer und leben in den felsigen Gebieten des Yosemite-Nationalparks.

Im Yosemite-Nationalpark sind die **Riesenmammutbäume** die Stars. Sie sind die höchsten Bäume der Welt und die größten lebenden Pflanzen. Sie können mehr als 1500 Jahre alt, über 100 Meter hoch und mehr als neun Meter dick werden.

Schlaft gut, liebe **Goldmantel-Ziesel**. Diese kleinen Erdhörnchen leben in Felsen, Bergwiesen und Waldlichtungen und verschlafen den Winter zwischen Oktober und März im selbst gegrabenen unterirdischen Tunnel. Nach dem Aufwachen wirft das Weibchen meist fünf Jungen. Die müssen dann vor Feinden wie Falken, Kojoten, Füchsen und Wieseln beschützt werden.

Chihuahua-Wüste

Spargeldünne Yucca-Pflanzen und pinkfarbene Kakteen, weiße Skorpione und gefährliche Schlangen, witzige Nagetiere und nützliche Kojoten. Dies alles und noch viel mehr kannst du in der Chihuahua-Wüste (sprich: Schiwawa) entdecken. Sie ist die größte der vier Wüsten Nordamerikas. Etwa 70 Prozent ihrer Fläche liegt in Mexiko, der Rest in den Vereinigten Staaten.

1 Au-uuuhhh! Am hohen Heulen erkennst du die **Kojoten, die auch Präriewölfe genannt werden**. Sie sind kleiner und schmaler als ihre großen Brüder, die Wölfe. Kojoten vermehren sich rasant, sie werden deshalb von vielen Menschen in den USA als Plage betrachtet. Doch tatsächlich sind sie nützliche „Müllmänner" der Natur: Sie jagen Nagetiere und Hasen, fressen aber auch Aas und Abfall.

2 Großer Baumeister: Der **Silberdachs** gräbt mit seinen massiven Klauen an den Vorderpfoten sehr flink Tunnel in die Erde. Der Einzelgänger mit dem weißen Streifen auf dem Rücken versteckt sich unter der Erde vor Feinden und geht dort auch auf die Jagd. Der Silberdachs stellt Erdhörnchen, Kängururatten, Schlangen, Eidechsen und Insekten nach.

3 Aufrecht stehend sehen diese kleinen Nager aus wie Kängurus. Kein Wunder, dass sie **Kängururatten** heißen. Sie sind zwar nicht mit den australischen Beuteltieren verwandt, aber springen können sie auch extrem gut: Bis zu drei Meter lange Sätze machen die kleinen Tierchen. So entkommen sie ihren Feinden, den Kojoten, Füchsen oder Schlangen. Kängururatten sind optimal an die Wüste angepasst: Sie leben in unterirdischen Bauen. Praktisch, denn da unten ist es nicht so heiß. Außerdem müssen sie nicht trinken. Die Flüssigkeit, die sie über ihre Nahrung bekommen, reicht ihnen.

Größe: Mit 362 000 Quadratkilometern etwa so groß wie Deutschland

Von Spargel-Yucca und rosa Kakteen. In der Wüste wächst nichts? Von wegen. In der Chihuahua-Wüste gedeihen die unterschiedlichsten Gewächse: zum Beispiel pinkfarbene Kakteen, Seifen-Palmlilien und Agaven.

Im Norden der Chihuahua-Wüste gibt es eine ganz besondere Dünenlandschaft: die **White Sands** (sprich: Wait Sänds), das heißt so viel wie „weiße Sande“. Die Sandkörnchen sind ganz hell und fein. Sie bestehen jedoch nicht aus Quarz wie der Sand, den du vom Strand kennst, sondern aus Gips. Das ist einzigartig auf der Welt. Auf einigen dieser Gipsdünen kannst du sogar Schlitten fahren.

5 **Skorpione** leben tagsüber in Erdhöhlen oder Felsspalten. Nachts kommen sie aus ihren Verstecken, um Käfer, Schaben oder Spinnen zu jagen. Mit ihren zwei großen Greifzangen packen sie ihre Beute – und stechen mit dem Giftstachel zu. Weltweit gibt es mehr als 1000 Arten von Skorpionen. Viele sind dunkel oder braun. Die Skorpione in den „White Sands“ jedoch sind weiß – und somit bestens getarnt vor Feinden wie Vögeln, Eidechsen und Schlangen.

4 Warum klappert die **Klapperschlange**? Das ist eine lautstarke Warnung an Feinde: „Hau ab, nähere dich nicht!“. So werden Angreifer in die Flucht geschlagen. Wenn die Schlangen jagen, legen sie sich hingegen ganz still auf die Lauer – und töten ihre Beute mit einem Biss in den Nacken. Das Gift, das so in den Körper gelangt, lähmt die Opfer.

Mittelamerika und Karibik

ZUM KNOBELN!

Zu welchem Staat gehört die Insel Puerto Rico?

Die Länder auf dieser Karte sind alle ziemlich klein. Zähl mal die Staaten auf der mittelamerikanischen Landbrücke! Richtig, es sind sieben: Belize, Guatemala, El Salvador, Honduras, Nicaragua, Costa Rica und Panama. Noch viel kleiner sind die meisten Inseln der Karibik – zu ihr gehören die Bahamas, die Großen Antillen mit Kuba sowie die Kleinen Antillen.

Viele Staaten in Mittelamerika sind sehr arm – im Gegensatz zu den reichen USA und Kanada. Manche Kinder in Nicaragua und Guatemala müssen auf Zuckerrohr- oder Kaffeeplantagen arbeiten und können nicht oder nur selten zur Schule gehen.

Reife Kaffeekirschen

Pyramiden im Dschungel: Im Norden von Guatemala kannst du die antike Maya-Stadt Tikal besuchen. Die Maya waren zwischen 200 und 900 nach Christus das mächtigste Volk in dieser Gegend. Sie lebten in Südmexiko, Guatemala und Nordbelize.

Lust auf Echsen-Eintopf? In **El Salvador** wird eine Echse namens Garrobo zu Suppe verarbeitet. Sie soll magische Kräfte besitzen – und sogar Tote erwecken.

Friedliches Costa Rica!
Costa Rica ist eines der wenigen Länder auf der Welt, das keine Armee besitzt. Die wurde 1949 abgeschafft. Der damalige Präsident ließ den folgenden Satz in die Verfassung schreiben: „Wer den Frieden will, soll sich auf den Frieden vorbereiten und nicht auf den Krieg!“ Geschadet hat das nicht. Es geht den Menschen hier besser als vielen ihrer mittelamerikanischen Nachbarn.

Blackbeards Schiff, Queen Anne's Revange

Die Bahamas waren der ideale Ort für **Piraten** wie den berüchtigten Blackbeard. Denn spanische Galeeren segelten hier auf ihrem Weg nach Europa vorbei. Sie hatten Gold geladen, das sie den Indianern geraubt hatten. Blackbeard und seine Männer knöpften es den Eroberern wieder ab.

Viele Menschen der Karibik stammen von **afrikanischen Sklaven** ab. Bis ins 19. Jahrhundert verschleppten Europäer viele Menschen aus Afrika, um sie in die Karibik, in die heutige USA, nach Kanada und nach Brasilien bringen zu lassen. Etwa 80 Prozent der haitianischen Bevölkerung hat afrikanische Wurzeln.

Familie auf Haiti

Mittelamerika und Karibik

Unzählige Vulkane, die jederzeit ausbrechen könnten, kilometerlange Strände, Korallenriffe, Kokosnüsse und tropischer Regenwald, in dem Papageien flattern, Affen gaffen, Jaguare jagen und Schlangen Beute fangen – das alles kannst du in der Karibik und in Mittelamerika erleben.

See mit Haien! Der Nicaraguasee ist der größte See in Mittelamerika. Der Bodensee würde zehn Mal in ihn hineinpassen. Mit seinen Wellen und Inseln wirkt der Nicaraguasee wie ein Meer. Aufpassen muss man beim Schwimmen darin auch: Denn es gibt Bullenhaie, die etwa drei Meter lang und 230 Kilo schwer werden und auch Menschen angreifen können.

↓

Die Insel Ometepe im Nicaraguasee

Geheimnisvolle Langnasen: Sie haben einen Rüssel wie Ameisenbären, Pfoten wie Maulwürfe, Schwänze wie Mäuse und Giftdrüsen im Maul wie Schlangen: Schlitzrüssler, die nur auf Kuba und auf der Insel Hispaniola leben. Die Insektenfresser sind Säugetiere, sie werden bis zu einem Kilo schwer und 40 Zentimeter lang. Weil sie so scheu sind, wissen Forscher fast nichts über sie. Was sicher ist: Sie gehören zu den am meisten bedrohten Tierarten der Welt.

ZUM KNOBELN!

Wie heißt der höchste Berg Mittelamerikas, der gleichzeitig auch ein Vulkan ist?

„Fuego ist wieder einmal ausgebrochen!“ Diese Nachricht kannst du immer wieder in der Zeitung lesen. Der Vulkan in Guatemala, der ins Deutsche übersetzt „Feuer“ heißt, spukt regelmäßig Asche und Lava. Er ist nicht der einzige Vulkan auf der mittelamerikanischen Landbrücke, der noch aktiv ist. Es gibt dort eine ganze Vulkankette. Warum? Weil in dieser Region Erdplatten aufeinanderstoßen, kommt es häufig zu Vulkanausbrüchen und Erdbeben.

↑

3 Ganz gemächlich! **Faultiere** sind die langsamsten Säugetiere der Welt. Sie kommen gerade einmal zwei Meter pro Stunde voran. Damit sie nicht von Feinden gesehen werden, tarnen sich die in Bäumen lebenden Kletterer geschickt: Ihr Pelz ist grünlich von Algen, die in ihrem Fell leben.

Mittelamerika und die Karibik gehören geografisch zum Kontinent Nordamerika – gemeinsam mit Kanada, den USA und Mexiko.

2 **Puma, Jaguar und Ozelot!** Alle drei Raubkatzen durchstreifen die Wälder Mittelamerikas. Vom Meister des Hochsprungs, dem Puma, und vom Jaguar, der das kräftigste Gebiss aller Katzen hat, hast du bestimmt schon gehört. Aber kennst du den Ozelot? Diese Katze mit dem wunderschönen Fell ist viel kleiner als die oben genannten. Sie wurde lange von Pelzhändlern gejagt. Heute ist der Handel damit zum Glück verboten. →

Ein Ozelot

Länderanzahl: 12
Bevölkerung: 387 Millionen

Südamerika

Als der spanische Eroberer Hernando Cortés vor fast 500 Jahren in Südamerika landete, lebten dort Hunderte von Indianerstämmen. Die Europäer rotteten die meisten aus und damit auch ihre Sprachen. Deshalb wird heute in den meisten Ländern Spanisch oder Portugiesisch gesprochen. Du merkst schon: Südamerika ist ein Kontinent der Gegensätze. Riesige Länder wie Brasilien liegen neben Winzlingen wie Surinam. Reiche Menschen wohnen nicht weit von den Hütten der Armen. Doch etwas verbindet alle: Futebol – das ist Portugiesisch und heißt Fußball.

Holland in Südamerika? **Surinam** ist das kleinste unabhängige Land des Kontinents. Früher wurde es von den Niederländern regiert, deshalb spricht man dort noch heute Niederländisch.

Reich an **Bodenschätzen:** Die alten Inkas in Peru liebten das Edelmetall Gold. Bis heute wird es dort abgebaut – leider oft ohne Rücksicht auf die Umwelt.

2 Eine Rampe für Raketen: **Französisch-Guayana** gehört zu Frankreich und damit auch zur Europäischen Union. An der Atlantikküste liegt der Weltraumbahnhof Kourou. Von hier werden Raketen ins All geschossen.

Siegeszug um die Welt: **Kartoffeln** kommen ursprünglich aus Südamerika. Sie werden heute auf fast allen Kontinenten angebaut und geliebt.

Hoch oben in den Anden thront die berühmte Inkastadt **Machu Picchu** (sprich: Matschu Piktschu). Um 1450 wurde sie von den Ureinwohnern aus Stein erbaut und hundert Jahre später wieder verlassen. Warum? Darüber rätseln Wissenschaftlerinnen und Wissenschaftler bis heute.

Der berühmteste **Karneval** der Welt findet in Rio de Janeiro statt. Brasilianer und Touristen feiern und tanzen eine Woche lang Tag und Nacht.

Fußball ist heute in Brasilien Nationalsport. Wusstest du, dass Charles William Miller, ein Engländer, im Jahr 1894 zwei Lederfußbälle aus Europa nach São Paulo mitbrachte? So steckte er die Brasilianer mit seiner Begeisterung fürs Bolzen an.

Die **Kayapò-Ureinwohner** in Brasilien kämpfen seit Jahrzehnten für den Schutz des Regenwalds und gegen den Bau eines riesigen Staudamms, der ihren Lebensraum gefährdet.

São Paulo ist die größte Stadt Südamerikas und hat etwa zwölf Millionen Einwohner, vier Mal so viel wie Berlin.

ZUM KNOBELN!

1. Welche beiden südamerikanischen Länder haben keinen Zugang zum Meer?
2. Wie heißt diese Inselgruppe?

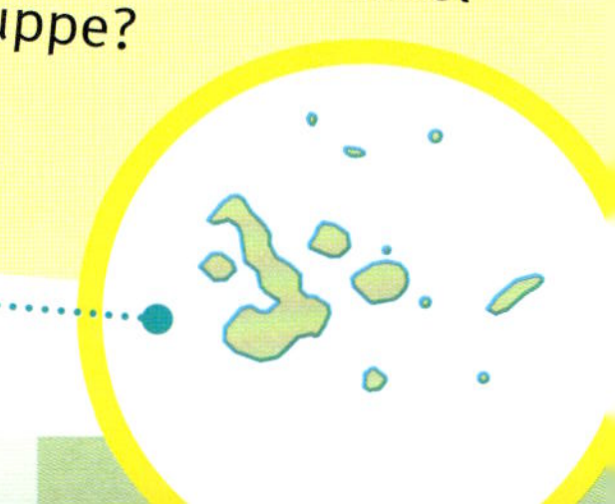

Südamerika

Südamerika ist ein Kontinent zum Staunen, denn hier kannst du viele tolle Tiere und faszinierende Wunder der Natur entdecken: die Anden, den Amazonas und die Atacamawüste. Außerdem liegt in dieser Weltgegend das größte Feuchtgebiet, das Pantanal. Hast du Lust auf eine Reise nach Südamerika? Mit dem Finger auf der Landkarte!

3 Der **Amazonas** ist der wasserreichste Fluss der Welt – und vermutlich auch der längste mit 6992 Kilometern. Er wurde neu vermessen und hat somit den Nil überholt. Im Amazonas schwimmen sogar pinke Süßwasserdelfine. →

1 Der Salto Ángel ist mit 979 Metern **der höchste Wasserfall** der Welt.

2 Klein, aber oho: Die **Brasilianische Wanderspinne** gehört zu den giftigsten und gefährlichsten Spinnen der Welt. Das nur fünf Zentimeter kleine Tier verkriecht sich gerne in Schuhen. Wenn es sich bedroht fühlt, springt es seine „Beute“ an und beißt kraftvoll zu. Ohne rasches Gegengift überlebt man so einen Spinnenangriff nicht. →

Galápagos-Riesenschildkröten sind die größten Schildkröten der Welt und die langlebigsten Tiere überhaupt. Manche von ihnen werden 180 Jahre alt.

Die **Atacamawüste** in den Anden ist die trockenste Wüste der Welt. An einigen Stellen ist seit Menschengedenken kein Tropfen Regen gefallen. Und doch wachsen dort Pflanzen! Sie ziehen Feuchtigkeit aus dem Nebel, der von der Küste heranwabert.

Am Südzipfel der Anden in Argentinien liegt der imposante **Perito-Moreno-Gletscher**. Das Besondere an diesem 30 Kilometer langen Eisgiganten: Er wächst! Im Gegensatz zu vielen anderen Gletschern, die wegen des Klimawandels schmelzen.

Giftzwerg: Die Haut des **Pfeilgiftfrosches** enthält eines der stärksten Gifte der Erde.

Amazonas-Regenwald: Nirgendwo auf der Welt leben so viele verschiedene Tier- und Pflanzenarten wie hier. Als „Grüne Lunge" ist der tropische Regenwald außerdem wichtig für das Klima auf unserer Erde.

Wald in Gefahr! Menschen holzen jedes Jahr riesige Gebiete ab, um sie als Felder zu nutzen.

Galápagos-Inseln

Meerechsen, die aussehen wie kleine Drachen, liegen auf Vulkanfelsen; uralte Schildkröten tapsen durch Kakteenwälder; Seelöwen aalen sich am Strand: So geht es auf und um Galápagos zu. Die Inselgruppe liegt im Pazifischen Ozean – etwa 1000 Kilometer vor der Küste von Ecuador.

Kakteen auf Lavafeldern
Es ist karg auf den Galápagos-Inseln. Kein Wunder, dass wenig wächst. Aber immerhin gedeihen hier mehr als 200 Pflanzenarten, die es sonst nirgendwo auf der Welt gibt, etwa der Lavakaktus. Er fühlt sich auf blanken Lavafeldern wohl, blüht wunderschön weiß und trägt rote fleischige Früchte.

Pinguine leben ausschließlich auf der Südhalbkugel? Stimmt nicht ganz. Denn die nördlichste Art, die **Galápagos-Pinguine**, gibt es auch auf der Galápagos-Insel Isabela – und die gehört teilweise zur Nordhalbkugel. Diese Art ist nur etwa einen halben Meter groß und brütet in Höhlen – und nicht in Schneesturm und Eis wie die Kaiserpinguine der Antarktis. Doch was alle Pinguine eint: Sie können nicht fliegen, bewegen sich watschelnd an Land – im Wasser sind sie dafür umso wendiger.

Die Inselgruppe besteht aus 13 größeren und über 100 kleineren Inseln. Nur fünf davon sind besiedelt.

Die überwältigende Landschaft und die faszinierende Tierwelt der Galápagos-Inseln sind seit 1978 **UNESCO-Weltnaturerbe** und stehen unter Naturschutz. Das ist wichtig, denn viele Tier- und Pflanzenarten dieser Inseln sind vom Aussterben bedroht. Der Klimawandel macht ihnen zu schaffen. Außerdem Tiere, die ursprünglich nicht heimisch auf den Galápagos-Inseln waren und durch Menschen dorthin gebracht wurden, wie zum Beispiel Ziegen. Diese fressen den Riesenschildkröten die wenigen Gräser, Kräuter, Büsche und Sträucher weg.

Zeig her deine Füße
Ein Tölpel, also ein Tollpatsch, ist der Blaufußtölpel nicht, auch wenn das sein Name nahelegt: Der Vogel ist ein gewandter Flieger und pfeilschneller Taucher. Und auch beim Flirten macht ihm keiner etwas vor: Er pfeift, watschelt und tanzt stolz um das Weibchen herum und zeigt seine Füße – denn je blauer die sind, desto besser kommt er bei der Dame an.

Der ist echt der Hammer!

Der Hammerhai sieht aus, als ob ihm eine Planierraupe über den Kopf gewalzt wäre. In Wahrheit birgt der breite Schädel wohl ein Multifunktions-Werkzeug – mit Hai-Tech – pardon High-Tech-Funktion. Denn damit spürt der Hammerhai seine Beute auf. Die Augen liegen extrem weit auseinander, ebenso die Nasenlöcher. Dadurch hat er einen fantastischen Rundumblick und kann „räumlich riechen“.

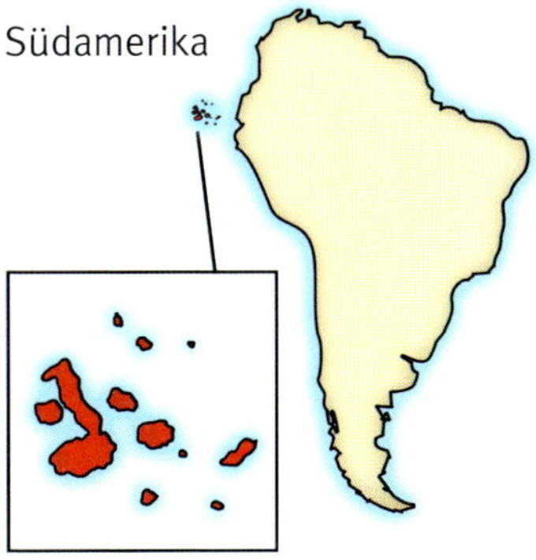

Größe: 8010 Quadratkilometer, das entspricht etwa der Hälfte der Fläche Thüringens

Kleine Drachen

Auf den Galápagos-Inseln wimmelt es von Wesen, die aussehen wie kleine Drachen oder geschrumpfte Dinosaurier: Am bekanntesten sind die schwarzen Meerechsen – langer Schwanz, grobe Schuppen, schwarze Haut. Wenn sie hungrig sind, stürzen sie sich von den Lavafelsen ins kalte Meer. Bis zu einer halben Stunde können sie am Stück tauchen und Algen weiden. Dann müssen sie wieder auftauchen, um Luft zu holen und sich aufzuwärmen.

Ziemlich frech!

Männliche Fregattvögel beeindrucken die Weibchen in der Paarungszeit mit ihrem aufgeblasenen Kehlsack. Fregattvögel sind aber auch dafür bekannt, anderen Seevögeln im Flug die Beute abzujagen.

Ganz schön alt

Galápagos-Schildkröten gehören zu den größten Landschildkröten der Welt. Die Männchen können bis 1,50 Meter lang und bis zu 350 Kilogramm schwer werden (so viel wiegen vier bis fünf erwachsene Menschen). Aber sie sind nicht nur richtige Brummer. Sie werden auch uralt. Riesenschildkröte „Harriet“ etwa, die vor einigen Jahren an Herzversagen verstorben ist, hatte vermutlich mehr als 170 Jahre auf ihrem Buckel – oder besser: auf ihrem Panzer.

Der Galápagos-Seelöwe ist ein wahrer Meistertaucher. Bis in eine Tiefe von etwa 180 Metern führen ihn seine Beutezüge.

Klar, **Touristen** sind auf Galápagos willkommen. Sie bringen schließlich Geld und helfen damit, diese einzigartige Natur zu schützen. Die Besucher, die nur mit Visum einreisen dürfen, müssen aber bestimmte Regeln beachten: Sie dürfen keinen Müll hinterlassen und nur auf vorgeschriebenen Wegen wandern. Außerdem ist es verboten, die wilden Tiere zu berühren.

Pantanal

Ein Tierparadies in Südamerika? Klar: das Amazonas-Gebiet! Doch es gibt noch ein anderes Naturwunder, das Pantanal. Es liegt in Brasilien, Bolivien und Paraguay. Entdecke eine der letzten Wildnisse der Erde und das größte Süßwasser-Sumpfgebiet der Welt.

Der König des Pantanal
Das Pantanal ist das Reich des Jaguars. Er ist die drittgrößte Raubkatze der Welt – nur Tiger und Löwen sind größer. Der Jaguar ist gefleckt oder schwarz, hat ein kräftiges Gebiss, das sogar den Panzer einer Schildkröte ohne Probleme knacken kann. Der Name „Jaguar" kommt übrigens aus der Indianersprache Tupi und bedeutet: „Der Räuber, der seine Beute in einem einzigen Sprung erlegt!" – und genau das macht er mit Kaimanen, Wasserschweinen, Hirschen und vielen anderen.

Überall Alligatoren
Auf jeden Einwohner des Pantanal (es sind etwa 400 000) kommen vierzig Kaimane (sie gehören zur Familie der Alligatoren). Das ist die größte Konzentration von Reptilien auf der Erde! Tagsüber dösen die mehr als zwei Meter langen Panzerechsen gerne am Ufer von Flüssen und Seen. In der Nacht gehen sie auf Jagd – und fressen fast alles, was ihnen vor die Schnauze kommt: Insekten, Fische, Vögel und kleine Säugetiere. Ihre einzigen Feinde: die Jaguare und der Mensch.

Der **Jabiru** zählt zur Familie der Storchenvögel, wie man unschwer an den staksigen Beinen, dem langen Hals und dem Riesenschnabel erkennen kann. Er zählt zu den größten Vögeln Mittel- und Südamerikas.

In der **Regenzeit** läuft das Pantanal-Becken mit Wasser voll, dann ist das Gebiet ein Gewirr aus Wasseradern, Seen und Flüssen. In der Trockenzeit verdunstet das Wasser und das Pantanal wird zur Savanne.

Blaues Wunder [5]

Papageien sind begabte Klettermaxe und kluge Köpfe, die jede noch so harte Nuss mit ihrem kräftigen Schnabel knacken. Der Hyazinthara ist ein besonders prächtiges Exemplar, das im Pantanal lebt: Er ist der größte Papagei der Welt, misst vom Kopf bis zur Schwanzspitze einen Meter und ist etwa 1,5 Kilogramm schwer.

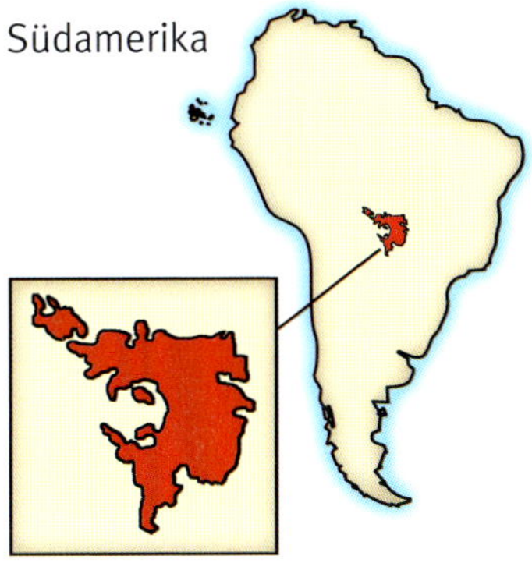

Größe: 230 000 Quadratkilometer, etwa so groß wie die alte Bundesrepublik

Bedrohtes Paradies

Das Feuchtgebiet Pantanal steht unter Naturschutz und gehört zum UNESCO-Welterbe. Und doch sind die vielen Tier- und Pflanzenarten in großer Gefahr: Wälder werden gerodet, Mais und Zuckerrohr werden im großen Stil angebaut; Fabriken werden errichtet, die Abwässer in die Flüsse leiten und diese verschmutzen.

Süße Riesennager [4]

Sie sehen aus wie übergewichtige Meerschweinchen mit zusammengekniffenen Augen: Capybaras, auch als Wasserschweine bekannt. Die größten Nagetiere der Welt werden von der Nase bis zum Po über einen Meter lang. Als Vegetarier ernähren sie sich von Gräsern, Baumrinden und Wasserpflanzen.

Cowboys und ihre drei Millionen Rinder

Das Pantanal ist nicht nur ein Paradies für Wildtiere. Nein, hier grasen auch Millionen Rinder. Weil Jaguare immer wieder Vieh reißen, machen einige der Rancher leider Jagd auf die Großkatzen.

↓

[3] Mit über acht Metern Länge ist die **Große Anakonda** die größte Schlange des Pantanal und etwa so lang wie zwei Kleinwagen. Die Würgeschlange lebt am und im Wasser und jagt vor allem Vögel, Nagetiere, kleine Echsen und Fische.

Arktis

Wenn du eine Expedition in die Arktis machst, wanderst du auf dicken Eisplatten, die auf dem Meer schwimmen. Taut dieses Eis, fällst du in das Nordpolarmeer, denn Land gibt es direkt um den Nordpol herum nicht. Zur Arktis gehören aber auch die Insel Grönland und Teile von Russland, Kanada und den USA.

Die Pole tauen! Die Arktis ist mit am schlimmsten von der **Klimaerwärmung** betroffen. Viele Forscher befürchten, dass bis zum Jahr 2040 das gesamte Gebiet im Sommer eisfrei sein könnte. Das hätte zur Folge, dass Tierarten wie Eisbär und Polarfuchs aussterben würden.

Himmelfeuer! In der Arktis kannst du im Winter ein faszinierendes Naturschauspiel beobachten: die Nordlichter. Diese Lichtschleier entstehen durch winzige Sonnenteilchen. Wenn die elektrisch geladenen Partikel zur Erde gelangen, reagieren sie mit der Luft und leuchten. Auch in der Antarktis gibt es dieses Spektakel, dort heißt es Südlicht.

Einhörner der Arktis: Die bis zu fünf Meter langen Stoßzähne dienen den **Narwalen** als „Super-Messgerät“. Sie können damit etwa den Salzgehalt des Wassers untersuchen.

Wer macht das Licht aus? Am Nordpol ist es im Sommer sechs Monate hell. Dafür geht die Sonne im Winter nicht auf. Am Südpol ist es genau umgekehrt.

Großer Jäger: So nennen die Inuit, die Ureinwohner der Arktis, den **Eisbären**. Er wird bis zu drei Meter lang und ist damit das größte lebende Landraubtier der Welt.

Antarktis

An der Wostok-Forschungsstation wurde **die tiefste Temperatur** auf der Erde gemessen: minus 89,2 Grad Celcius!

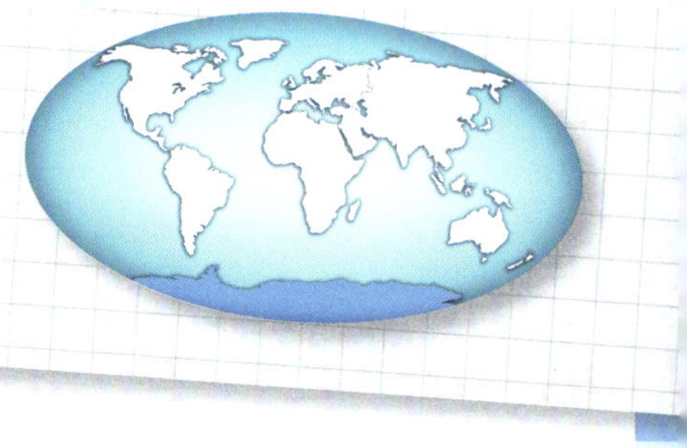

Magst du den Winter? Dann könnte die Antarktis, das Polargebiet rund um den Südpol, ein gutes Reiseziel für dich sein. Allerdings ist dieser kälteste aller Kontinente nicht dauerhaft bewohnt, denn dort kann es bis zu minus 90 Grad Celsius kalt werden. Die Landfläche ist von einer riesigen Eisdecke überzogen, die bis zu 5 000 Meter dick ist.

Ein unbewohnter Kontinent: Nur einige Wissenschaftlerinnen und Wissenschaftler leben zeitweise auf der Antarktis in **Forschungsstationen**, meist im Sommer. Touristen dürfen nur als Tagesgäste die Antarktis erkunden. ↘

←

Blauwale futtern täglich bis zu sechs Tonnen Fisch und Plankton, also Mini-Pflanzen und Winz-Tierchen. Sie sind mit 30 Metern Länge die größten Säugetiere auf unserer Erde.

Reiselustige Gesellen: **Kaiserpinguine** wandern jeden Winter wochenlang zu ihren Brutplätzen im Inland. Nach der Eiablage watscheln die Weibchen zurück zum Meer, während die Pinguinpapas den Nachwuchs ausbrüten. →

Flaggen der Welt

Europa

Albanien | Andorra | Belgien | Bosnien und Herzegowina | Bulgarien

Dänemark | Deutschland | Estland | Finnland | Frankreich | Griechenland

Großbritannien | Irland | Island | Italien | Kosovo | Kroatien

Lettland | Liechtenstein | Litauen | Luxemburg | Malta | Moldawien

Monaco | Montenegro | Niederlande | Nordmazedonien | Norwegen | Österreich

Polen | Portugal | Rumänien | San Marino | Schweden | Schweiz

Serbien | Slowakei | Slowenien | Spanien | Tschechische Republik | Ukraine

Ungarn | Vatikanstaat | Weißrussland

Afrika

Ägypten | Algerien

Angola | Äquatorialguinea | Äthiopien | Benin | Botswana | Burkina Faso

Burundi | Demokratische Republik Kongo | Dschibuti | Elfenbeinküste | Eritrea | Gabun

Gambia | Ghana | Guinea | Guinea-Bissau | Kamerun | Kap Verde

Kenia | Komoren | Lesotho | Liberia | Libyen | Madagaskar

Malawi | Mali | Marokko | Mauretanien | Mauritius | Mosambik

Namibia | Niger | Nigeria | Republik Kongo | Ruanda | Sambia

São Tomé und Príncipe | Senegal | Seychellen | Sierra Leone | Simbabwe | Somalia

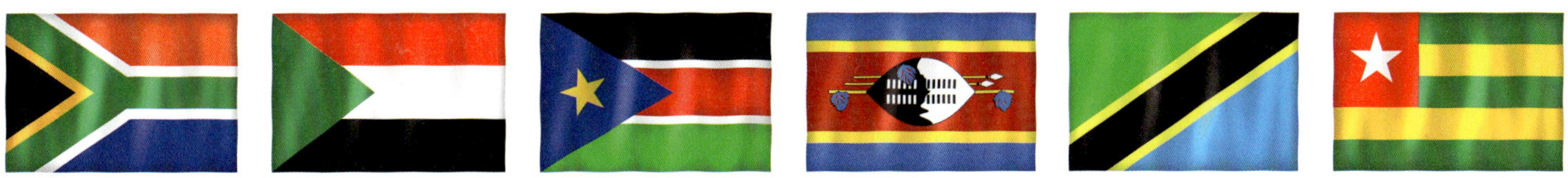

Südafrika | Sudan | Südsudan | Swasiland | Tansania | Togo

Tschad | Tunesien | Uganda | Westsahara | Zentralafrikanische Republik

Asien

Afghanistan
Armenien
Aserbaidschan
Bahrain
Bangladesch
Bhutan
Brunei
China
Georgien
Indien
Indonesien
Irak
Iran
Israel
Japan
Jemen
Jordanien
Kambodscha
Kasachstan
Katar
Kirgisistan
Kuwait
Laos
Libanon
Malaysia
Malediven
Mongolei
Myanmar
Nepal
Nordkorea
Oman
Osttimor
Pakistan
Philippinen
Russland
Saudi-Arabien
Singapur
Sri Lanka
Südkorea
Syrien
Tadschikistan
Taiwan
Thailand
Türkei
Turkmenistan
Usbekistan
Vereinigte Arabische Emirate
Vietnam
Zypern

Ozeanien

Australien
Cookinseln
Fidschi

Kiribati | Marshallinseln | Mikronesien | Nauru | Neuseeland | Palau

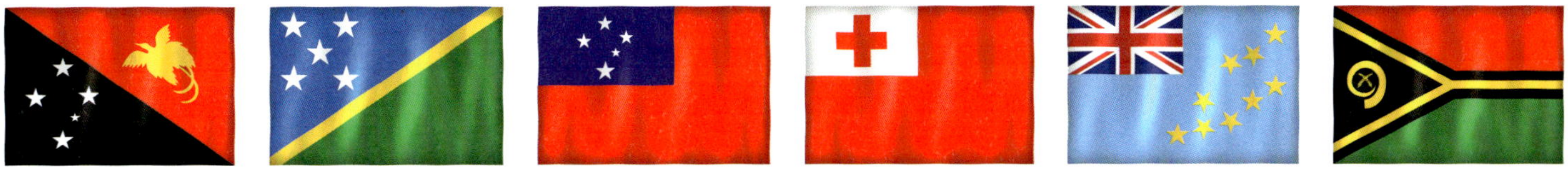

Papua-Neuguinea | Salomonen | Samoa | Tonga | Tuvalu | Vanuatu

Nord- und Mittelamerika

Antigua und Barbuda | Bahamas | Barbados | Belize | Costa Rica

Dominica | Dominikanische Republik | El Salvador | Grenada | Guatemala | Haiti

Honduras | Jamaika | Kanada | Kuba | Mexiko | Nicaragua

Panama | St. Kitts und Nevis | St. Lucia | St. Vincent und die Grenadinen | Trinidad und Tobago | Vereinigte Staaten von Amerika

Südamerika

Argentinien | Bolivien | Brasilien | Chile | Ecuador

Guyana | Kolumbien | Paraguay | Peru | Surinam | Uruguay

Venezuela

A Coruña 76
Aalborg 40
Aare 56
Aargau 56f.
Aarhus 40
Abaco 135
Abayasee 87
Abbesee 87
Abbot-Schelfeis 145
Aberdeen 39
Abidjan 83
Abu Dhabi 95
Abuja 21, 83
Accra 83
Aconcagua 18, 137
Adachi 112
Adana 69, 73, 95
Addis Abeba 21, 83
Adelaide 116
Adelaide-Insel 145
Adélieland 145
Adlershof 51
Adriatisches Meer 32, 70f., 81
Afarsenke (Danakil) 87
Afghanistan 21, 98-101
Afrika (Kapitel) S. 82-93
Afrika 19, 23, 29, 32-35, 77, 95f.
Afrikanische Platte 27
Ägäisches Meer 33, 72
Agra 99
Agulhasbecken 23
Ägypten 21, 82, 86f.
Ahaggar 19, 85
Ahmadabad 99
Ahr 47
Ahvaz 95
Aïr 19, 85
Aix-en-Provence 79
Ajaccio 79
Aladağ 73
Åland-Inseln 41
Alaska (USA) 20, 26, 122
Alaska 18, 124, 144
Alaskakette 18, 124
Albanien 30f., 34f., 68, 71
Albertsee 89
Alcántara-Stausee 76
Alentejo 76
Aleppo 95
Aletschgletscher 56
Aleuten 18, 26, 124
Aleutengraben 22
Alexander-Insel 145
Alexandria 82
Alföld 59
Algarve 76
Algerien 21, 82, 84f.
Algier 21, 82
Alicante 77
Allahabad 99
Aller 46
Almaty 104
Almere 44
Alpen 19, 32, 47, 54-57, 80
Alpenvorland 47
Alqueva-Stausee 76
Altai 19, 106, 110
Altes Land 46
Altglienicke 51
Altkastilien 76
Altmark 46
Altmühl 47
Altun Shan 110
Amazonas 18, 136
Amazonasbecken 18, 136
Ambrym 27
Ameland 45
Amerikanische Jungferninseln 133
Amerikanisches Hochland 145
Amerikanisch-Samoa 117
Amery-Schelfeis 145
Amman 95
Ammerland 52f.
Ammersee 47
Amper 47
Amritsar 99
Amrum 46, 53
Amsterdam 21, 34, 42, 44
Amsterdam-Insel 29
Amudarja 106
Amundsensee 145
Amur 19, 107, 111
Anai Mudi 101
Anatolien 73, 96
Ancona 81
Andalusien 76
Andamanen 99, 101, 108, 110
Andamanensee 110
Anden 18, 136f.
Andorra 30, 34, 77f.
Andorra la Vella 77
Andros 134f.
Angara 106f.
Angeln 46
Ångermanälven 41
Angers 78
Angola 21, 83, 88
Angolabecken 22f.
Anguilla 28, 133, 135
Ankara 21, 69, 73, 95
Annadale 126
Annam 111
Anshan 109
Antalya 69, 72
Antananarivo 21, 83
Antarktis 18f., 22f., 28f., 145 (Kapitel)
Antarktische Halbinsel 145
Antarktische Platte 26f.
Antigua 135
Antigua und Barbuda 20, 133
Antwerpen 44
Apenninen 32, 80f.
Apia 117
Apo 111
Appalachen 18, 125
Appenzeller Alpen 57
Apulien 81
Apusenigebirge 66
Äquatorialguinea 83
Arabische Halbinsel 19, 96f.
Arabische Platte 27
Arabische Wüste 87
Arabisches Becken 23
Arabisches Meer 19, 23, 97, 100f.
Arafurasee 19, 23, 118
Arakawa 112
Aralsee 19, 106
Ararat 73, 97
Araucanía 26
Arax 97
Archangelsk 64
Ardennen 44f.
Argentinien 20, 137, 139
Argentinisches Becken 22
Argun 107, 111
Argusdom 145
Arkansas 125
Arktis (Kapitel) 144
Armenien 95
Armenisches Hochland 73
Arnhemland 118
Arno 80
Aroser Rothorn 57
Arrochar 126
Aruba 133, 135
Ascension 29
Aschgabat 21
Aserbaidschan 95
Asien (Kapitel) S. 94-115
Asien 19, 23, 29, 33, 35, 65, 69, 73, 82, 87, 144
Askja 39
Asmara 82
Astana 21, 104
Asowsches Meer 64, 67
Assam 27
Astoria 127
Astrachan 65
Asturien 76
Asunción 20, 139
Atacamagraben 22, 26
Atacamawüste 18, 137
Atatürk-Stausee 73, 96f.
Atbara 87
Athen 21, 35, 68, 72
Äthiopien 21, 82f., 87
Athos 72
Atlantisch-Indisches Südpolarbecken 22f.
Atlantischer Ozean 18-22, 28f., 30, 32, 34, 36, 39, 76, 78, 83-85, 88, 122-127, 133, 135, 136-139
Atlas 19
Atlasgebirge 84
Ätna 27, 32, 81
Attersee 55
Auckland 117
Aucklandinseln 119
Aukštojas 63
Aurangabad 99
Aurich 52
Äußere Hebriden 39
Australien (Kapitel) S. 116-121
Australien 19, 21, 23, 29
Australinseln 119
Australische Platte 27
Auvergne 78f.
Avarua 117
Awash 87
Axios 72
Azoren 18, 28
Babrujsk 67
Badajoz 76
Baden-Württemberg 47, 49
Baffin Bay 18, 22, 124, 144
Baffin-Insel 18, 124, 144
Bagdad 21, 95
Bahamas 20, 132-135
Bahr al-Arab 86
Bahr al-Ghazal 86f.
Bahrain 95
Baikalsee 19, 107
Baku 95
Bălăneşti-Hügel 67
Balchaschsee 19, 106, 110
Balearen 32, 77
Bali 111
Balkangebirge 66f.
Balkanhalbinsel 19, 32f.
Bălţi 67
Baltischer Landrücken 62f.
Baltrum 46, 52
Bamako 20f., 82
Banat 66
Bandar Seri Begawan 21, 109
Bandasee 19, 111
Bandung 109
Bangalore 99
Bangkok 21, 108
Bangladesch 21, 99
Bangui 21, 83
Banja Luka 70
Banjul 82
Banks-Insel 144
Baoding 109
Baotou 108f.
Baranawitschi 67
Baraque de Fraiture 45
Barbados 20, 133, 135
Barbeau Peak 124, 144
Barbuda 135
Barcelona 34, 77
Bárðarbunga 39
Bären-Insel 29
Barentssee 19, 23, 33, 41, 61, 64, 106, 144
Bari 81
Barnim 46
Barranquilla 138
Barre des Écrins 79
Baru 134
Baryssau 67
Basel 56
Baskenland 77
Basra 95
Basseterre 133
Basso 86
Bay Ridge 126
Bay Terrace 126
Bayerische Alpen 54
Bayerischer Wald 47
Bayern 47, 49
Bayonne 126
Bayside 127
Beaufortsee 18, 22, 124, 144
Bedford-Stuyvesant 127
Beiras 76
Beirut 95
Belaja 65
Belém 138
Belfast 36, 39
Belgien 30, 32, 34, 42, 44f.
Belgrad 21, 35, 68, 71
Belize 20, 132, 134
Bellingshausensee 145
Belmopan 132
Belo Horizonte 139
Belucha 106, 110
Belutschistan 100
Ben Nevis 32, 39
Benadir 87
Bengalen 101
Bengalischer Rücken 23
Benin 83, 85
Benin-Stadt 83
Bensonhurst 126f.
Benue 85
Beraun 58
Bergen 40
Bergland von Guayana 18, 136
Beringmeer 19
Beringstraße 144
Berkner-Insel 145
Berlin 21, 34, 43, 46, 48, 50f. (Kapitel)
Bermuda 123
Bermuda-Inseln 28
Bern 21, 34, 42, 56
Berner Alpen 56
Besançon 79
Besymjanny 27
Betische Kordillere 76f.
Beydağlan 72
Beyşehirsee 72
Bhopal 99
Bhutan 21, 99
Bielersee 56
Biesdorf 51
Bikini-Atoll 119
Bikkarspitze 54
Bikku Bitti 86
Bilbao 77
Birmingham 34, 36, 39
Birs 56
Bischkek 21
Biscoe-Inseln 145
Bismarck-Archipel 118
Bissau 82
Bitola 71
Blankenfelde 50f.
Blauer Nil 87
Blies 47
Blue Mountain Peak 135
Bode 46
Bodensee 47, 54, 57
Bogotá 20, 138
Böhmen 58
Böhmerwald 58
Boknafjord 40
Bolivien 20, 136-139
Bologna 80
Bonaire 133, 135
Bora Bora 119
Bordeaux 34, 78
Borkou 86
Borkum 46, 52
Borneo 19, 111
Bornholm 40
Bosna 71
Bosnien und Herzegowina 30, 34, 68, 70f.
Bosporus 72
Boston 123
Botew 67
Botrange 45
Botswana 21, 83, 88
Bottnischer Meerbusen 32f., 41
Bougainville 118
Bouvet-Insel 29
Bozen 80
Brabant 44
Brač 70
Braga 76
Brahmaputra 101, 110
Brandberg 88
Brandenburg 46, 48, 50f.
Brasília 20, 139
Brasilianisches Becken 22
Brasilianisches Bergland 18, 137
Brasilien 20, 136-139
Bratislava 34f., 43, 59
Brazzaville 21, 83
Breda 44
Bregenz 54
Bremen 46, 48
Bremerhaven 53
Brescia 80
Breslau 59
Brest 66, 78
Bretagne 78
Bridgetown 133
Brienzersee 56
Brisbane 116
Britische Inseln 19, 32
Britische Jungferninseln 28, 133
Britz 51
Brocken 46
Bronx 127
Brooklyn 126f.
Brookskette 124, 144
Brownsville 127
Brügge 44
Brunei 21, 109
Brünn 59
Brunsbüttel 53
Brüssel 21, 30, 34, 42, 44
Buch 51
Bucht von Tokio 113
Buckow 51
Budapest 21, 34f., 43, 59
Buenos Aires 20, 139
Bug 59, 66
Bujumbura 83
Bukarest 21, 35, 61, 67
Bulgarien 31, 33, 35, 61, 66f. (Kapitel
Bulls Head 126
Bunkyō 112
Burgas 67
Burgenland 55
Burgos 76
Burgund 79
Burkina Faso 21, 82, 84
Bursa 69, 72, 95
Burundi 21, 83
Busan 109
Bushwick 127
Büsum 53
Büyük Menderes 72
Cádiz 76
Cagliari 80
Cahora-Bassa-Stausee 89
Calgary 122
Cali 138
Cambrian Mountains 39
Canarsie 127
Canberra 21, 116
Caracas 20, 133, 138
Cardiff 36, 39
Carpentariagolf 118
Carrantuohill 39
Cartagena 138
Carteret 126
Casablanca 82
Castries 133
Catania 81
Cayman-Inseln 28
Celebessee 111
Central Park 127
Cerro Chirripó 134
Cerro de Punta 135
Cerro Las Minas 134
Cerro Tacarcuna 135
Ceuta 29, 76
Cevennen 79
Ceyhan 73
Chagos-Archipel 29
Champagne 79
Changaigebirge 107
Changchun 109
Changsha 109
Chankasee 107, 111
Chao Phraya 110
Chappal Waddi 85
Chari 86
Charkiw 35, 61, 67
Charleroi 44
Charlottenburg 50
Charlottenburg-Wilmersdorf 50

Chasseral 56
Chasseron 56
Chathaminseln 119
Chengdu 108
Chennai 99
Chiba 113
Chibiny 64
Chicago 123
Chiemsee 47
Chile 20, 137, 139
Chileschwelle 22, 26
Chimborazo 136
China 21, 101, 107, 108-111
Chios 72
Chişinău 35, 61, 67
Chittagong 99
Chiyoda 112
Chofu 112
Chongqing 109
Chöwsgöl Nuur 107
Christmasrücken 22
Chūō 112
Chur 57
Chusistan 97
Ciudad Juárez 123
Clipperton-Insel 28
Coatsland 145
Cocos-Platte 26
Coiba 134
Coimbatore 99
Coimbra 76
Colombo 21, 99
Colorado (Fluss) 125
Colorado-Plateau 125
Comer See 80
Conakry 83
Coney Island 126f.
Constanța 67
Cookinseln 20, 117, 119
Córdoba (Argentinien) 139
Córdoba (Spanien) 76
Cork 39
Corno Grande 81
Cornwall 39
Costa Blanca 77
Costa Brava 77
Costa del Sol 76
Costa Rica 20, 132, 134
Côte d'Azur 79
Cotopaxi 26
Craiova 66
Cres 70
Crêt de la Neige 79
Crown Heights 127
Crozet-Inseln 29
Cuango 88
Cuanza 88
Cubango 88
Cucurbăta 66
Curaçao 133, 135
Curitiba 139
Cuxhaven 53
Cyrenaika 86

Daegu 109
Daejeon 109
Dagebüll 53
Dahlak-Archipel 87
Dahlem 50
Dahme 47
Dakar 82
Dalälven 41
Dalian 109
Dallas 123
Dalmatien 70
Dalmatinische Inseln 70
Damaskus 95
Damavand 97
Dänemark 30, 34, 37, 40, 53
Dänemarkstraße 144
Dangast 52
Danzig 59
Danziger Bucht 59, 62
Dardanellen 72
Daressalam 83
Darfur 19, 86
Darling 118
Darß 46
Datong 109
Daugavpils 63
Davao 109
Davisstraße 124, 144
Death Valley 125
Debrecen 59
Deister 46
Dekkan 19, 101
Delhi 99
Demokratische Republik Kongo 21, 83, 88f.
Den Haag 44
Denali 18
Denizli 72
Dents du Midi 56
Der Kanal 32, 39, 78
Deravica 71
Desna 67
Detroit 123
Deutsche Mittelgebirge 32
Deutschland 30, 32, 34, 42f., 47-49 (Kapitel)
Dhaka 21, 99
Dhanbad 99
Dhaulagiri 101
Dhofar 97
Diamantinagraben 23
Diamantinatief 23
Diego Garcia 29
Dijon 79
Dili 21, 109
Dill 47
Dinara 70
Dinarisches Gebirge 70
Dithmarschen 46, 53
Diyarbakir 73
Dnepr 33, 64, 67
Dnipropetrowsk 35, 61, 67
Dnister 33, 67
Dobrudscha 67
Dodoma 21, 83
Doha 95
Doi Inthanon 110
Dollart 46, 52
Dolomiten 80
Dom 56
Dominica 20, 133, 135
Dominikanische Republik 20, 133
Don 33, 64
Donau 19, 32f., 47, 55, 58f., 67, 71
Donaudelta 67
Donez 67
Donezbecken 67
Donezk 35, 61, 67
Dongting Hu 111
Dordogne 78
Dornumersiel 52
Dosse 46
Douala 83
Doubs 56
Douglaston 127
Douro 76
Downtown Brooklyn 126f.
Drakensberge 19, 88f.
Drau 55, 59, 70f.
Drei Schluchten 111
Dresden 49
Drin 71
Drina 71
Dschabal an-Nabi Schu'aib 96
Dschabal Sauda 96
Dschabal Schams 97
Dschibuti (Stadt) 82
Dschibuti 21, 82
Dschidda 95
Dsjarschynskaja Hara 67
Dsungarei 106, 110
Dubai 95
Dublin 20f., 34, 36, 39
Dubrovnik 71
Duero 76
Dufourspitze 56
Dümmer 46
Düna 63, 67
Durban 83
Durrës 71
Duschanbe 21
Düsseldorf 49
Dzūkija 63

East River 126f.
Eastchester Bay 127
Ebbe 47
Ebro 32, 77
Ecuador 20, 136, 138
Eder 47
Edinburgh 34, 36, 39
Edith-Ronne-Land 145
Edogawa (Fluss) 113
Edogawa 113
Eduardsee 88f.
Eggegebirge 46f.
Eğirdirsee 72
Eichsfeld 47
Eider 46, 53
Eiderstedt 53
Eifel 47
Eiger 56
Eindhofen 45
El Salvador 20, 132, 134
Elba 80
Elbasan 71
Elbe 32, 46, 53, 58
Elbe-Seitenkanal 46
Elbrus 19, 33, 65, 97
Elbsandsteingebirge 47
Elburs 19, 97
Elfenbeinküste (Küste) 84
Elfenbeinküste 20f., 83f.
Elizabeth 126
Ellesmere-Insel 18, 124, 144
Ellice-Inseln 119
Ellsworthgebirge 145
Ellsworthland 145
Elm 46
Elmhurst 127
Elsass 79
Emden 52
Emi Koussi 86
Ems 46, 52
Emsland 46
Enderbyland 145
Engadin 57
England 32, 36, 39
Ennedi 86
Enns 55
Enz 47
Epirus 72
Erbeskopf 47
Erciyes Daği 73
Erft 47
Erfurt 49
Erg Chech 84
Erg Iguidi 84
Eriesee 125
Eritrea 21, 82, 87
Eriwan 95
Erzgebirge 47, 58
Erzurum 73
Esens 52
Eskişehir 72
Esla 76
Estland 31, 33, 35, 61-63
Estremadura 76
Eswatini 21, 83
Etoschapfanne 88
Etsch 80
Euböa 72
Euphrat 73, 97
Eurasische Platte 27
Europa (Kapitel) 28-81
Europa 19, 23, 29, 82, 84-87, 95-97, 104, 106, 144
Europäische Union 30f.
Europäisches Nordmeer 19, 22f., 32, 34f., 37, 40f., 144
Extremadura 76
Eyjafjallajökull 27
Eyresee 118

Faisalabad 99
Falklandinseln 18, 20, 28, 137, 139
Falster 40
Far Rockaway 127
Faridabad 99
Faro 76
Färöer 29, 32, 36, 39, 144
Fedderwardersiel 53
Fehmarn 46
Feldberg 47
Fès 82
Fessan 19, 86
Feuerland 18, 137
Fichtelberg 47
Fichtelgebirge 47
Fidschi 21, 117, 119
Fidschibecken 23
Fidschi-Inseln 19
Filchner-Schelfeis 145
Fimbul-Schelfeis 145
Finnische Seenplatte 33, 41
Finnischer Meerbusen 41, 63
Finnland 21, 31, 33, 35, 37, 41
Finnmark 41
Finsteraarhorn 56f.
Fischbacher Alpen 55
Fläming 47
Flandern 44
Flatbush 126f.
Flatlands 127
Flevoland 44
Florenz 80
Flores 111
Florida 125, 134
Florida Keys 134
Floridastraße 134
Flughafen Berlin-Brandenburg 51
Flughafen Berlin-Schönefeld 51
Flughafen Berlin-Tegel 50
Flughafen John F. Kennedy International 127
Flughafen LaGuardia 127
Flughafen Newark Liberty International 126
Flughafen Teterboro 126
Flughafen Tokio-Haneda 112
Flushing 127
Fly 118
Föhr 46, 53
Fóia 76
Fordham 127
Forest Hills 127
Formentera 77
Fort Lee 126f.
Fortaleza 138
Frankenhöhe 47
Frankenwald 47
Frankfurt 30
Fränkische Alb 47
Fränkische Schweiz 47
Frankreich 21, 30, 32, 34, 78f. (Kapitel)
Franz-Josef-Land 19, 29, 106, 144
Französisch-Guayana 20, 28, 138
Französisch-Polynesien 20, 28, 117
Freetown 83
Freiburg 56
Friedrichsfelde 51
Friedrichshagen 51
Friedrichshain 51
Friedrichshain-Kreuzberg 51
Friedrichskoog 53
Friedrichstadt 53
Friesland 45
Frisches Haff 59, 62
Frohnau 50
Fuchu 112
Fudschijama 26f., 111
Fukuoka 109
Fulda (Fluss) 47
Funabashi 113
Funafuti 117
Fünen 40
Fushun 109
Futuna 119
Fuzhou 109

Gaborone 21, 83
Gabun 21, 83, 88
Gailtaler Alpen 54f.
Gaising 63
Galápagos-Inseln 18, 136, 138
Galați 67
Galdhøpiggen 32, 40
Galizien (Polen) 59
Galizien (Spanien) 76
Gambia (Fluss) 84
Gambia 20, 82
Ganges 19, 101
Gangesdelta 101
Gardasee 80
Garonne 78
Gascogne 78
Gatow 50
Gauja 63
Gaziantep 69, 73, 95
Gelbes Meer 107, 111
Genf 56
Genfer See 56, 79
Genil 76
Gent 44
Genua 80
Georgetown 20, 138
Georgien 21, 95
Gera 47
Gerlsdorfer Spitze 59
Gesellschaftsinseln 119
Getz-Schelfeis 145
Ghana 21, 83f.
Ghom 95
Gibraltar 76
Gibsonwüste 118
Gijón 76
Gilbertinseln 119
Gizeh 82
Glarner Alpen 57
Glasgow 39
Glendale 127
Glomma 40
Gobi 19, 107, 110
Gobi-Altai 107, 110
Göblberg 54f.
Godavari 101
Goeree-Overflakkee 44
Goiânia 139
Goldküste 84
Golf von Aden 87, 96f.
Golf von Alaska 18, 22, 124
Golf von Antalya 72
Golf von Bengalen 19, 23, 101, 110
Golf von Biscaya 32, 76-78
Golf von Cádiz 76
Golf von Genua 79f.
Golf von Guinea 19, 85, 88
Golf von Honduras 134
Golf von Kalifornien 125
Golf von Mexico 18, 22, 125
Golf von Oman 97
Golf von Panama 134
Golf von Tarent 81
Golf von Thailand 110
Golf von Valencia 77
Golfe du Lion 79
Gorkier Stausee 64
Götaland 40
Göteborg 40
Gotland 32, 41
Gough-Insel 29
Governors Island 126
Gozo 81
Grahamland 145
Grampian Mountains 39
Gran 59
Gran Chaco 18, 137
Gran Paradiso 80
Granada 76
Grand Canyon 125
Grand Combin 56
Graubünden 57
Grauspitz 57
Gravesend 126f.
Graz 55
Great Dividing Range 19, 118
Great Neck 127
Great Plains 18, 125
Greetsiel 51
Grenada 20, 133, 135
Grenoble 79
Griechenland 31-34, 68, 72
Grímsvötn 27
Groningen 45
Grönland 18, 20, 28f., 122, 124, 144
Grönlandsee 144
Große Antillen 18, 134f.
Große Australische Bucht 19, 23, 118
Große Ebene 19, 111
Große Salzwüste 97
Große Sandwüste 19, 118
Große Sundainseln 111
Große Syrte 86
Große Victoriawüste 19, 118
Großer Afrikanischer Grabenbruch 27
Großer Arber 47

Großer Bärensee 18, 124, 144
Großer Beerberg 47
Großer Belchen 79
Großer Belt 40
Großer Bösenstein 55
Großer Chingan 107, 111
Großer Feldberg 47
Großer Müggelsee 51
Großer Östlicher Erg 85
Großer Salzsee 125
Großer Sklavensee 18, 124
Großer Speikkogel 55
Großer Wannsee 50
Großer Westlicher Erg 84f.
Großes Barriereriff 118
Großes Becken 125
Großglockner 32, 54
Großvenediger 54
Grünau 51
Grunewald 50
Guadalajara 123
Guadalquivir 76
Guadeloupe 28, 133, 135
Guadiana 76
Guam 116, 118
Guangzhou 109
Guarulhos 139
Guatemala 20, 132, 134
Guatemalabecken 22
Guatemala-Stadt 132
Guayaquil 138
Guernsey 78
Guge 87
Guinea 20, 82-84
Guineabecken 22f.
Guinea-Bissau 20, 82
Guiyang 109
Gujranwala 99
Günz 47
Gurktaler Alpen 55
Gutland 45
Guyana 20, 136, 138
Gwalior 99
Gwangju 109
Gydan-Halbinsel 19, 106, 144

Hadeln 53
Hadramaut 96
Hainan 111
Hainich 47
Haiti 20, 133
Hakenfelde 50
Halbinsel Heta 59
Halbinsel Kola 33, 64, 144
Haltitunturi 41
Hamburg (Stadt) 34, 42, 46, 48
Hammada al-Hamra 86
Handan 109
Hangzhou 109
Hannover 48
Hanoi 21, 109
Harare 21, 83
Harbin 109
Hardangerfjord 40
Hardangervidda 40
Harlem 127
Harlesiel 52
Harz 46
Hase 46
Haßberge 47
Havanna 20, 132
Havel 46, 50
Havelland 46
Hawaii 20, 117
Hawaii-Inseln 18, 119
Hawaiirücken 22
Hebriden 32
Hedschas 96
Hefei 109
Heide 53
Heiligensee 50
Hekla 27, 39
Helgoland 46, 52
Hellersdorf 51
Helmand 100
Helsinki 21, 35, 37, 41
Hemmoor 53
Heraklion 72
Hermannstadt (Sibiu) 66
Hermon 96
Hessen 47, 49
Hiddensee 46
Highbridge 127
Highlands 39
Hiiumaa 62
Himalaja 19, 101, 110
Hindukusch 19, 101
Hindustan 101
Hinterrhein 57
Hiroshima 109
Hispaniola 135
Hjälmarsee 40
Hoboken 126
Hochalmspitze 55
Hochfeiler 54
Hochgolling 55
Ho-Chi-Minh-Stadt 109
Hochkönig 54
Hochland von Äthiopien 19, 87
Hochland von Bié 88
Hochland von Iran 97
Hochland von Tibet 19, 110
Hochschwab 55
Hochstuhl 55
Hohe Tatra 59
Hohe Tauern 54
Hohe Warte 54
Hohenschönhausen 51
Hoher Dachstein 55
Hohes Venn 45
Hokkaido 19, 111
Holland 44
Holsteinische Schweiz 46
Homel 67
Honduras 20, 132, 134
Hongkong 109
Honiara 116f.
Honshu 19, 27, 111
Hooge 53
Hooksiel 52
Houston 123
Howard Beach 127
Howerla 67
Hrodna 66
Huainan 109
Huang He 19, 110f.
Hudson Bay 18, 22, 124
Hudson River 126f.
Hudsonstraße 124
Hümmling 46
Hunsrück 47
Hunte 46
Hunts Point 127
Huronsee 125
Husum 53
Hvannadalshnúkur 39
Hyderabad (Indien) 99
Hyderabad (Pakistan) 98f.

Iaşi 67
Ibadan 83
Iberische Halbinsel 19, 32, 76f. (Kapitel)
Iberisches Randgebirge 77
Ibiza 77
Ichihara 113
Ichikawa 113
Iguazúfälle 18, 137
IJssel 45
IJsselmeer 44
Iller 47
Inagua 135
Inarisee 41
Incheon 109
Indien 19, 21, 99, 101, 110
Indische Platte 27
Indischer Ozean 19, 21, 23, 27, 29, 83, 87, 89, 95, 99, 101, 116, 118
Indisches Südpolarbecken 23
Indonesien 21, 108-111, 116, 118
Indore 99
Indus 101, 110
Inn 47, 54f., 57
Innere Hebriden 39
Innerer Taurus 73
Innerste 46
Innsbruck 54
Innviertel 54f.
Inyangani 89
Ionisches Meer 32, 72
Irak 21, 95-97
Iran 21, 95, 97
Irangebirge 111
Irawadi 110
Irische See 39
Irland 20f., 30, 32, 34, 36, 39
Irtysch 19, 106
Isar 47
Ischewsk 65
Ischia 81
Isfahan 95
Isla de la Juventud 134
Islamabad 21, 99
Island 18, 20, 30, 32, 34, 36, 39, 144
Israel 21, 95
Issyk-Kul 106
Istanbul 35, 68, 72, 95
Istrien 70
Itabashi 112
Italien 21, 30, 32, 34, 80f. (Kapitel)
Itzehoe 53
Izmir 68, 72, 95

Jabalpur 99
Jablonowygebirge 107
Jackson Heights 127
Jadebusen 46, 53
Jagst 47
Jaipur 99
Jakarta 21, 109
Jamaica 127
Jamaica Bay 127
Jamaika 20, 132-135
Jamal-Halbinsel 19, 106, 144
Jan Mayen 29, 144
Jangtsekiang 19, 110f.
Japan 21, 107, 109, 111
Japangraben 23, 27
Japanisches Meer (Ostmeer) 107, 111
Jaroslawl 64
Java 19, 111
Javasee 19, 23, 111
Jebel Chélia 85
Jebel M'Goun 84
Jebel Marra 86
Jekaterinburg 104
Jelgava 62
Jemen 21, 95-97
Jenissei 19, 106, 144
Jersey 78
Jersey City 126
Jerusalem 95
Jever 52
Jezerka 71
Jilin 109
Jinan 109
Jodhpur 99
Johannesburg 83
Johannisthal 51
Jordanien 21, 95
Jotunheimen 40
Juan-de-Fuca-Platte 26
Juba 21, 83, 87
Júcar 77
Juist 46, 52
Jungferninseln 135
Jungfrau 56
Jura 56, 79
Jütland 32, 40

K2 19, 101, 110
Kabul 21, 99
Kachowkaer Stausee 67
Kaçkar Daği 73
Kaduna 82f.
Kahramanmaraş 73
Kaimaninseln 132, 134
Kairo 21, 82
Kaiserstuhl 47
Kalabrien 81
Kalahari 19, 88
Kamagaya 113
Kamastausee 65
Kambodscha 21, 108-111
Kamen 106
Kamerun 21, 82f., 88
Kamerunberg 88
Kampala 21, 83
Kamtschatka 19, 27, 107
Kanada 20, 122-124, 144
Kanadisches Becken 22
Kanalinseln 36, 39, 78
Kanarische Inseln 18, 28f., 82, 84
Kanarisches Becken 22
Kangchendzönga 101
Kanin-Halbinsel 64
Kaniwer Stausee 67
Kano 82
Kanpur 99
Kantabarisches Gebirge 76
Kaohsiung 109
Kap Agulhas 88
Kap der Guten Hoffnung 19, 88
Kap Guardafui 87
Kap Hoorn 18, 137
Kap Komorin 101
Kap Verde 20, 80
Kapbecken 23
Kapstadt 83
Kapverdische Inseln 18, 84
Kapverdisches Becken 22
Kap-York-Halbinsel 118
Kara-Bogas-Gol 106
Karadsch 95
Karakorum 101, 110
Karasee 19, 23, 106, 144
Karatschi 98
Karawanken 55, 70
Karelien 64
Karibasee 88f.
Karibische Platte 26
Karibisches Meer 18, 22, 132-135
Karlshorst 51
Karnische Alpen 54f.
Kärnten 55
Karolinen 118
Karoo 88
Karow 51
Karpaten 33, 59, 66f.
Karpathos 72
Karwendel 54
Kasachische Schwelle 106
Kasachstan 21, 65, 104, 106
Kasai 87
Kasan 61, 65, 104
Kashiwa 113
Kaspische Senke 19, 65, 106
Kaspisches Meer 19, 33, 35, 61, 65, 97, 106
Kasseler Kuppe 47
Kastilisches Scheidegebirge 76
Katalonien 77
Katangaplateau 19, 88
Katar 21, 95, 97
Katharinenberg 87, 96
Kathiawar 101
Kathmandu 21, 99
Katla 27
Katsushika 113
Kattarasenke 86
Kattegat 40
Kattowitz 59
Kaukasus 19, 33, 65, 97
Kaunas 62
Kawasaki 112
Kayseri 73
Keban-Stausee 73
Kebnekaise 41
Kefallinia 72
Kehdingen 53
Keilberg 58
Kékes 59
Kelkit 73
Kellerwald 47
Keltische See 39
Kemijoki 41
Kempen 44
Kenia 21, 83, 89
Kerguelen 29
Kerguelen-Plateau 23
Kerinci 110
Kermadecgraben 22
Kermadecinseln 119
Khartum 21, 82
Khulna 99
Kiel 48
Kielcer Bergland 59
Kieler Bucht 46
Kiew 21, 35, 61, 67
Kiewer Stausee 67
Kigali 83
Kilimandscharo 19, 89
Kinabalu 111
Kingston 20, 133
Kingstown 133
Kinshasa 21, 83
Kinyeti 87
Kirgisistan 21
Kiribati 20f., 117
Kiritimati 119
Kisarazu 113
Kita 112
Kitzbüheler Alpen 54
Kivusee 89
Kizilirmak 73
Kladow 50
Klagenfurt 55
Klarälven 40
Klausenburg (Cluj-Napoca) 66
Kleine Antillen 135
Kleine Sundainseln 111
Kljutschewskaja Sopka 27, 107
Kneiff 45
Knüll 47
Kobe 109
Koh-e Baba 100f.
Kolgujew 64
Kolkata 99
Köln 34, 42
Kolumbien 20, 133, 135f., 138
Kolyma 107, 144
Kolymargebirge 107
Komoren 19, 21, 83, 89
Kongo (Fluss) 19, 88
Kongo 21, 83
Kongobecken 19, 88
Königin-Elisabeth-Inseln 18, 124, 144
Königin-Mary-Küste 145
Königin-Maud-Land 145
Königsberg (Kaliningrad) 62
Königssee 47
Konya 69, 73
Kopenhagen 21, 34, 37, 40
Korab 71
Korallenbecken 23
Korallensee 19, 23, 116, 118
Koreanische Halbinsel 105, 111
Korfu 71f.
Korinth 72
Korjakengebirge 107
Korsika 32, 79f.
Kos 72
Koshigaya 112
Košice 59
Kosovo 31, 35, 68, 71
Kossou-Stausee 84
Kota 99
Kōtō 112
Kragujevac 71
Kraichgau 47
Krakatau 27
Krakau 35, 59
Krasnodar 64
Krementschuker Stausee 67
Kreta 33, 72
Kreuzberg 50f.
Krim 33, 61, 64, 67
Krimgebirge 67
Krishna 101
Krk 70
Kroatien 30, 34, 68, 70f.
Kronstadt (Braşov) 67
Krywyj Rih 67
Kuala Lumpur 21, 108f.
Kuba 18, 20, 132-135
Kuibyschewer Stausee 65
Kuma 65
Kumanovo 71
Kumasi 83
Kunlun Shan 19, 110
Kunming 108f.
Kupa 70
Kura 97
Kurilen 19, 107
Kurilengraben 23
Kurische Nehrung 62
Kurisches Haff 59, 62
Kurland 62

Küstenebene 125
Küstengebirge 18, 124
Küstenkette 125
Kuwait 21, 95, 97
Kuwait-Stadt 95
Kyffhäuser 47
Kykladen 72
Kyoto 109
Kysylkum 106
Kythira 72
Kyushu 19, 111

L'Hospitalet de Llobregat 77
La Dôle 56
La Mancha 77
La Paz 139
Labrador 18, 124
Labradorbecken 22
Labradorsee 18, 124, 144
Ladogasee 19, 33, 41, 64
Lago Maggiore 57, 80
Lagos 83
Lahn 47
Lahore 99
Lahti 41
Lakkadiven 101
Laksefjord 41
Lambertgletscher 145
Langenberg 47
Langeneß 53
Langeoog 46, 52
Languedoc 79
Lankwitz 50
Lanzhou 108
Laos 21, 108-111
Lappland 19, 33, 41
Laptewsee 19, 23, 107, 144
Larissa 72
Larsen-Schelfeis 145
Láscar 26
Lassen Peak 26
Lausanne 56
Lausitzer Neiße 47
Le Havre 78
Lech 47, 54
Lechtaler Alpen 54
Leer 52
Leine 46
Lek 44
Lemberg (Lwiw) 66
Lena 19, 107, 144
León (Mexiko) 123
León (Spanien) 76
Lesbos 72
Lesotho 21, 83
Lettgallen 63
Lettland 31, 33, 35, 61-63
Liao He 111
Libanon 21, 95
Liberia 20f., 83
Libreville 21, 83
Libyen 21, 82, 86
Libysche Wüste 19, 86
Lichtenberg 51
Lichtenrade 51
Lichterfelde 50
Liechtenstein 30, 34, 42, 56f. (Kapitel)
Liepāja 62
Ligurisches Meer 79f.
Lille 79
Lilongwe 21, 83
Lima 20, 138f.
Limburg 45
Limfjord 40
Limmat 57
Limnos 72
Limoges 78
Limpopo 89
Linien-Inseln 119
Linköping 40
Linth 57
Linz 55
Liparische Inseln 81
Lipezk 64
Lippe 46
Liskamm 56
Lissabon 20f., 34, 76
Litauen 31, 33, 35, 61f.
Liverpool 39
Livland 63
Livorno 80
Ljubljana 34, 68, 70
Ljusnan 40
Llanos 18, 136
Lodz 59
Lofoten 32, 40, 144
Logone 86
Loire 32, 78f.
Lolland 40
Lomami 88
Lombardei 80
Lomé 83
Lomonossowrücken 22
London 21, 34, 36, 39
Long Island City 127
Lop Nor 110
Los Angeles 123
Lot 78
Lothringen 79
Lough Neagh 39
Louisvillerücken 22
Louyang 109
Lower Bay 126
Lower Manhatten 126
Luanda 21, 83
Lubansee 63
Lübars 50
Lublin 59
Lubumbashi 83
Lucknow 99
Ludhiana 99
Luganersee 57
Lugano 57
Luhansk 67
Lule älv 41
Lüneburger Heide 46
Lusaka 21, 83
Lut 97
Lüttich 45
Luxemburg (Stadt) 30, 42, 45
Luxemburg 30, 34, 42, 45
Luzern 56f.
Luzon 19, 111
Lyon 79

Maanselkä 41
Maas 44f., 79
Maastricht 45
Machatschkala 65
Mackenzie 18, 124, 144
Macquarierücken 23, 27
Madagaskar 19, 21, 83, 89
Madagaskarbecken 23
Madeira 18, 28f., 82, 84
Madrid 21, 34, 76
Madurai 99
Magdeburg 48
Mahanadi 101
Mahiljou 67
Mahlsdorf 51
Mähren 58
Maiduguri 82
Mailand 34, 80
Main 47
Mainz 49
Majuro 117
Makassar 109
Makassarstraße 111
Makedonien 72
Makgadikgadi-Salzpfannen 88
Makran 97, 100
Malabo 83
Málaga 76
Malaiische Halbinsel 110f.
Mälarsee 41
Malatya 73
Malawi 21, 83
Malawisee 19, 89
Malaysia 21, 108-111
Malchow 51
Malé 21, 99
Malediven 19, 21, 99, 101
Mali 21, 82, 84f.
Mallorca 77
Malmö 40
Malta 30, 32, 34, 81 (Kapitel)
Man 39
Managua 132
Managuasee 134
Manama 95
Manaus 138
Manchester 39
Mandalay 108
Mandschurei 19, 107, 111
Manhatten 126f.
Manila 21, 109
Manytschniederung 65
Maputo 21, 83
Maracaibo 138
Maracaibosee 136
March 59
Marianen 118
Marianengraben 23, 27
Maribor 70
Marie-Byrd-Land 145
Mariendorf 50f.
Marienfelde 50
Mariner's Harbor 126
Mariupol 67
Mariza 67
Markermeer 44
Marmarameer 72
Marmolata 80
Marne 79
Marokko 20, 82, 84
Maromokotro 89
Marquesasinseln 119
Marseille 79
Marshall-Inseln 21, 116f., 119
Martinique 28, 133, 135
Marzahn 51
Marzahn-Hellersdorf 51
Maseru 83
Maskarenen 19
Maskat 21, 95
Maspeth 127
Masuren 59
Matsudo 113
Matterhorn 32, 56
Mauersee 59
Maule 26
Mauna Kea 26, 119
Mauna Loa 26
Mauretanien 20f., 82, 84
Mauritius 21
Mayon 27
Mayotte 29
Mbabane 83
Mecklenburger Bucht 46
Mecklenburgische Seenplatte 46
Mecklenburg-Vorpommern 46, 48
Mecsek 59
Medan 108
Medellín 138
Medina 95
Médoc 78
Meerut 99
Meguro 112
Meißner 47
Mekka 95
Mekong 19, 110f.
Melanesien 118f.
Melbourne 116
Melekeok 116
Melilla 29, 77
Mellum 53
Melvillesund 124, 144
Memel (Klaipėda) 62
Memel 62
Menorca 77
Merapi 27
Mersin 73
Meschhed 95
Mesen 64
Mesopotamien 97
Messina 81
Metz 79
Mexico 20, 123, 125, 134
Mexico-Stadt 20, 123
Miami 123, 132
Michigansee 125
Midtown 126f.
Midwood 126f.
Midžor 71
Mikronesien 19, 21, 116-119
Mill-Insel 145
Milwaukeetief 22
Minato 112
Mindanao 19, 111
Minho 76
Miño 76
Minsk 21, 35, 61, 67
Misato 113
Miskitoküste 134
Miskolc 59
Mississippi 18, 125
Missouri 125
Missouri 18
Mitka 112
Mitte (Berlin) 50f.
Mittelamerikagraben 22, 26
Mittelatlantischer Rücken 22, 26f.
Mittelland 56
Mittellandkanal 46
Mittelmeer 19, 23, 30-35, 68f., 72f., 76f., 79-81, 84-87, 96
Mittelsibirisches Bergland 19, 106f.
Mittlerer Taurus 73
Mitumbagebirge 88f.
Moabit 50
Moco 88
Mogadischu 21, 83
Moldau 58, 67
Moldawien 31, 35, 61, 66f. (Kapitel)
Moldoveanu 67
Møllehøj 40
Molukken 111
Møn 40
Monaco 30, 34, 79 (Kapitel)
Moncayo 77
Mönch 56
Mongolei 21, 105, 107, 110f.
Monrovia 83
Mont Bagzane 85
Mont Blanc 19, 32, 79f.
Mont Nimba 84
Mont Tendre 56
Monte Amaro 81
Monte Cimone 80
Monte Cinto 79
Monte Perido 77
Monte Viso 80
Montenegro 30, 34f., 68, 71
Monterrey 123
Montes de Toledo 76
Montevideo 20, 139
Montpellier 79
Montréal 123
Montserrat 28, 133, 135
Moonsund-Inseln 62
Morava 71
Moray Firth 39
Moroni 83
Mosambik 21, 83, 89
Mosel 45, 47, 79
Moskau 21, 35, 61, 64, 104
Mostar 70
Mosul 95
Mount Erebus 27, 145
Mount Hallgren 145
Mount Jackson 145
Mount Kirkpatrick 145
Mount Markham 145
Mount McMaster 145
Mount Menzies 145
Mount Minto 145
Mount Redoubt 26
Mount Sidley 145
Mount St. Helens 26
Mount Victor 145
Mount Vinson 145
Mt. Chamberlin 124, 144
Mt. Cook 119
Mt. Elbert 125
Mt. Everest 19, 101, 110
Mt. Kenia 89
Mt. Kosciusko 118
Mt. Logan 124
Mt. McKinley 124
Mt. Meharry 118
Mt. Mitchell 125
Mt. Odin 124, 144
Mt. Rainier 124f.
Mt. Robson 124
Mt. Vernon 127
Mt. Washington 125
Mt. Whitney 125
Mt. Wilhelm 118
Müggelheim 51
Mühlviertel 55
Muhu 62
Mulde 47
Mulhacén 32, 77
Multan 99
Mumbai 99
München 34, 42, 49
Mur 55, 70
Murcia 77
Mureş 66
Müritz 46
Murmansk 64
Murray 118
Mus Chaja 107
Musala 66
Mwerusee 88f.
Myanmar 21, 108, 110
Mykolajiw 67
Mythen 57

N'Djamena 21
N'Dschamena 82
Naab 47
Nagoya 109
Nagpur 99
Nahe 47
Nairobi 21, 83
Nakano 112
Namib 19, 88
Namibia 21, 83, 88
Namur 44
Nan Shan 110
Nanchang 109
Nancy 79
Nanga Parbat 101
Nanjing 109
Nantes 78
Narew 59
Narmada 101
Narodnaja 33, 65, 106
Narva (Fluss) 63
Narva 63
Narvabucht 63
Narva-Stausee 63
Nashik 99
Nassau 133
Nassersee 87
Natalbecken 23
Nationalpark Hamburgisches Wattenmeer 52
Nationalpark Niedersächsisches Wattenmeer 52
Nationalpark Schleswig-Holsteinisches Wattenmeer 53
Nauru 21, 117, 119
Naxos 72
Naypyidaw 21, 108
Nazca-Platte 26
Neapel 81
Neckar 47
Neckerrücken 22
Nederrijn 45
Nefud 96
Nelson 124
Nepal 21, 99
Neretva 70
Nerima 112
Neris 63
Neßmersiel 52
Netze 59
Neubritannien 118
Neu-Delhi 21, 99
Neue Hebriden 119
Neuenburgersee 56
Neufundland 18, 124
Neufundlandbecken 22
Neuguinea 19, 111, 118
Neuharlingersiel 52
Neuirland 118
Neukaledonien 19, 29, 116-119
Neukastilien 76
Neukölln 51
Neuschottland 125
Neuschwabenland 145
Neuseeland 19, 21, 116-121 (Kapitel)
Neuseeländische Alpen 119
Neusibirische Inseln 19, 107, 144
Neusiedler See 55, 59
Neuwerk 53
Nevado del Ruiz 26
Nevado Huascarán 136

New Dorp 126
New Springville 126
New York (City) 123, 126f. (Kapitel)
Niagarafälle 18, 125
Niamey 21, 82
Nicaragua 20, 132, 134
Nicaraguasee 134
Niebüll 53
Niedere Tauern 55
Niederlande 30, 32, 34, 42, 44f., 52
Niederländische Antillen 28
Niederlausitz 46
Niederlitauen 62
Niederösterreich 55
Niedersachsen 46, 48, 53
Niederschönhausen 50f.
Niger (Fluss) 19, 84f.
Niger 21, 82, 85
Nigerbecken 19, 84
Nigeria 21, 82f., 85
Niiza 112
Nijmegen 45
Nikobaren 99, 101, 108, 110
Nikolassee 50
Nikosia 69, 73, 95
Nikšić 71
Nil 19, 87
Nildelta 87
Niš 71
Nischni Nowgorod 61, 64, 104
Niue 117, 119
Nizza 79
Noord-Beveland 44
Nordamerika (Kapitel) S. 122-131
Nordamerika 18, 22, 28, 144
Nordamerikanische Platte 26f.
Nordamerikanisches Becken 22
Nordaustralisches Becken 23
Norddeich 52
Norden 52
Nordenham 53
Norderney 46, 52
Nordfriesische Inseln 46, 53
Nordfriesland 46, 53
Nordinsel 119
Nordirland 36, 39
Nordkap 19, 33, 41, 64
Nordkinn 41
Nordkorea 21, 109
Nördliche Dwina 64
Nördliche Marianen 116
Nordmazedonien 31, 35, 68, 71
Nordostpazifisches Becken 22
Nord-Ostsee-Kanal 46, 53
Nordpol 144
Nordpolarmeer 18f., 22f., 105, 144
Nordrhein-Westfalen 46-49
Nordrussisches Tiefland 64
Nordsee 19, 22f., 30, 32, 34, 36f., 39, 40, 42, 44, 46, 52f.
Nordsibirsches Tiefland 19, 106f.
Nordstrand 46, 53
Nordwestpazifisches Becken 23
Nordzypern 69
Normandie 78
Norrland 41
Norwegen 21, 30, 32, 34f., 37, 40f.
Nouakchott 20, 82
Novi Sad 71
Nowaja Semlja 19, 29, 106, 144
Nowosibirsk 104
Nubische Wüste 87
Nuku'alofa 117
Numedalslågen 40
Nyiragongo 27

Ob 19, 106, 144
Oberer See 18, 125
Oberlausitz 47
Oberlitauen 63
Oberösterreich 55
Oberpfälzer Wald 47
Oberschöneweide 51
Ochotskisches Meer 19, 23, 107
Odense 40
Odenwald 47
Oder 32, 46, 58f.
Oderbruch 46
Odessa 67
Ohio 125
Ohre 46
Ohridsee 71
Oka 64
Okawangodelta 88
Oker 46
Ol Doinyo Lengai 27
Öland 41
Olmütz 59
Olymp 33, 72
Olympos 73
Oman 21, 95, 97
Omdurman 82
Omo 87
Omsk 104
Onega 144
Onegasee 19, 33, 64, 144
Ontariosee 125
Oosterschelde 44
Oranje 88
Ordos-Plateau 110f.
Orenburg 65
Orinoco 136
Orkneyinseln 32, 36, 39, 144
Orléon 78
Ortler 80
Osaka 109
Osijek 71
Ösling 45
Oslo 21, 34, 37, 40
Oslofjord 40
Ostantarktis 145
Ostchinesisches Meer 19, 23, 111
Oste 46, 53
Ostende 44
Österbotten 41
Österreich 30, 34, 42f., 54f. (Kapitel)
Osteuropäische Tiefebene 19, 33, 64
Ostfriesische Inseln 46, 52
Ostfriesland 46, 52
Ostghats 101
Östliche Sierra Madre 125
Östlicher Euphrat 73
Östlicher Taurus 73
Ostpazifischer Rücken 22, 26
Ostpreußen 59, 62
Ostrau 59
Ostsee 19, 30-35, 37, 40-43, 46, 58f., 61f.
Ostsibirische See 19, 23, 107, 144
Ostsibirisches Tiefland 19, 107, 144
Osttimor 21, 109
Ōta 112
Ottawa 20, 123
Ötztaler Alpen 54
Ouagadougou 82
Oulu 41
Oulusee 41
Ounasjoki 41
Ourthe 45

Padua 80
Päijänne 41
Pakistan 21, 98-101
Palästina 95
Palau 21, 116
Palauinseln 118
Palawan 111
Palembang 109
Palermo 81
Palikir 116f.
Palma de Mallorca 77
Palmer-Archipel 145
Palmerland 145
Palmyra 117, 119
Pamir 101, 110
Pampa 18, 137
Pamplona 77
Pan de Guajaibon 134
Panama 20, 132-135
Panamakanal 134
Panama-Stadt 20, 132
Pankow 51
Pannonische Tiefebene 70f.
Pantanal 18, 137
Pantelleria 80
Papua-Neuguinea 21, 116, 118
Paraguay 20, 137, 139
Paramaribo 138
Paris 21, 34, 79
Park Slope 126
Parkchester 127
Parma 80
Parnass 72
Pärnu 63
Parseierspitze 54
Patagonien 18, 137
Patna 99
Patras 72
Pazifische Platte 26f.
Pazifischer Ozean 18-20, 22f., 28f., 105, 107, 109, 111, 116f., 122-125, 132, 134, 136-139
Pazifisches Südpolarbecken 22
Pécs 59
Peene 46
Peipussee 63
Peking 21, 109
Pelham Gardens 127
Pellworm 53
Peloponnes 33, 72
Pennines 39
Pensa 65
Perm 61, 65
Persischer Golf 97
Perth 116
Peru 20, 136-139
Perubecken 22
Perugraben 22, 26
Peschawar 99
Petschora 65, 144
Pfälzerwald 47
Pfefferküste 84
Philadelphia 123
Philippinen 21, 109, 111
Philippinenbecken 23
Philippinengraben 23, 27
Philippinensee 19, 111
Philippinische Platte 27
Phnom Penh 21, 108f.
Phoenix 123
Phönixinseln 119
Pic de Montcalm 78
Pic du Canigou 79
Pic du Midi de Bigorre 78
Pico Almanzor 76
Pico da Neblina 136
Pico de Aneto 32, 77
Pico de Orizaba (Citlaltépetl) 18, 125
Pico Duarte 135
Pico Mogotón 134
Pico Turquino 135
Picos de Europa 76
Pidurutalagala 101
Pielinen 41
Piemont 80
Pietros 67
Pik Pobedy 106, 110
Pilatus 56f.
Pilsen 58
Pinatubo 27, 111
Pindos 72
Pinios 72
Pinsk 67
Piräus 72
Pitcairn 28, 117
Pitcairninseln 119
Piz Bernina 57
Piz Buin 54, 57
Piz Kesch 57
Piz Linard 57
Piz Segnas 57
Pizzo Campo Tencia 57
Pjöngjang 21, 109
Plattensee (Balaton) 59
Pleiße 47
Pleven 67
Plöckenstein 58
Plovdiv 67
Po 32, 80
Podgorica 34f., 68, 71
Podolien 67
Poel 46
Polarplateau 145
Polen 21, 30-32, 34f., 43, 58f. (Kapitel)
Polesien 66f.
Polynesien 18, 119
Pommerellen 59
Pommern 58
Pommersche Bucht 46, 58
Pomonok 127
Ponewiesch (Panevėžys) 63
Pontisches Gebirge 73
Popocatépetl 26, 125
Porsangerfjord 41
Port Elizabeth 83
Port Harcourt 83
Port Louis 21
Port Moresby 21, 116
Port of Spain 133
Port Vila 117
Port-au-Prince 133
Porto 76
Porto Alegre 139
Porto Novo 83
Portugal 20f., 30, 32, 34, 76
Posen 59
Potsdam 48
Poyang Hu 111
Prag 21, 34, 43, 58
Praia 82
Pregel 62
Prenzlauer Berg 51
Prespasee 71
Pretoria 21, 83
Prignitz 46
Prinz-Charles-Gebirge 145
Prinzessin-Astrid-Küste 145
Prinzessin-Martha-Küste 145
Prinzessin-Ranghild-Küste 145
Pripjat 67
Pripjatsümpfe 67
Priština 68, 71
Prizren 71
Provence 79
Pruth 67
Psiloritis (Ida) 72
Pskower See 63
Puebla 123
Puerto Rico 133, 135
Puerto-Rico-Graben 22
Puig Major 77
Puncak Jaya 19, 111, 118
Pune 99
Punjab 101
Punta la Marmora 80
Puy de Sancy 79
Pyrenäen 32, 77, 78

Qaidambecken 110
Qingdao 109
Qinghai Hu 110
Queens 126f.
Queens Village 127
Quezon City 109
Quito 20, 138

Raab (Fluss) 59
Raab 59
Rabat 20f., 82
Rahnsdorf 51
Raipur 99
Rajkot 99
Ranchi 99
Rangun 108
Rarotonga 119
Ras Daschan 87
Rastede 53
Rätikon 57
Rätische Alpen 57
Rawalpindi 99
Recife 138
Regnitz 47
Reims 79
Reinickendorf 50
Rennes 78
Réunion 29
Reuss 57
Reykjavík 20, 34, 36, 39
Rēzekne 63
Rhein 32, 45, 46f., 56f., 79
Rheinfall 57
Rheinland-Pfalz 47, 49
Rheinwaldhorn 57
Rhodopen 66f., 72
Rhodos 72
Rhön 47
Rhône 56, 79
Riad 21, 95
Richmond Hill 127
Ridgewood 127
Riesengebirge 58
Riga 21, 35, 61f.
Rigaischer Meerbusen 62
Rigi 57
Riiser-Larsen-Schelfeis 145
Rijeka 70
Rio Araguaia 136
Rio de Janeiro 139
Río de la Plata 137
Rio Grande 125, 137
Rio Juruá 136
Rio Madeira 136
Rio Negro (Amazonasbecken) 136
Río Negro (Argentinien) 137
Río Negro (Nicaragua) 134
Río Paraguay 137
Río Paraná 137
Rio Tocantins 136
Río Uruguay 137
Rio Xingu 136
Riß 47
Riverdale 127
Rjasan 64
Rockaway Park 127
Rocky Mountains 18, 124f.
Rom 21, 34, 80
Roman Kosch 67
Rongcheng 109
Ronne-Schelfeis 145
Roosevelt-Insel 145
Roseau 133
Rosedale 127
Ross-Insel 145
Rossmeer 145
Ross-Schelfeis 145
Rossville 126
Rostow 61, 64, 104
Rotes Becken 110f.
Rotes Meer 19, 23, 87, 96
Rothaargebirge 47
Rott 47
Rotterdam 44
Rouen 78
Ruanda 83
Ruapehu 27, 119
Rub al-Chali (Große Arabische Wüste) 19, 96f.
Rudow 51
Rügen 46
Ruhr 47
Rukwasee 89
Rumänien 21, 31, 33, 35, 61, 66f. (Kapitel)
Rungwe 89
Ruse 67
Russland 21, 31, 33, 35, 61, 64f. (Kapitel), 97, 104-107, 111, 144
Ruwenzori 88f.
Rybinsker Stausee 64
Ryukyugraben 23, 27

Saale 46
Saane 56
Saar 47
Saarbrücken 49
Saaremaa 62
Saarland 47, 49
Saba 28, 133
Sachalin 19, 107
Sachsen 46, 49
Sachsen-Anhalt 46-49
Sahara 19, 84-87
Sahel 19, 84-87
Saimaa 41
Saint John's 133
Saint-Barthélemy 28, 133
Saint-Étienne 79
Saint-Martin 28, 133, 135
Saint-Paul-Insel 29
Saint-Pierre und Miquelon 28
Saitama 109
Sajan 106f.
Sakarya 72
Salamanca 76
Salar de Uyuni 137
Sala-y-Gómez-Rücken 22
Salomonen 21, 116f.
Salomonensee 118

Salomoninseln 19, 119
Salpausselkä 41
Salto Ángel 18, 136
Salvador 139
Salween 110
Salzach 54
Salzburg 54
Samara 61, 65, 104
Sambesi 88f.
Sambia 21, 83, 88f.
Samoa 21, 117
Samoainseln 119
Samos 72
Samsun 73
San 59
San Antonio 123
San Diego 123
San Francisco 123
San José 20, 132
San Justo 139
San Marino 30, 34, 80 (Kapitel)
San Salvador 132
Sanaa 21, 95
Sankt Helena 29
Sankt Peter-Ording 53
Sankt Petersburg 35, 61, 64, 104
Şanliurfa 73
Sansibar 89
Santa Cruz 139
Santiago 20, 139
Säntis 57
Santo Domingo 133
Santorin 27, 72
São Luís 138
São Paulo 139
São Tomé und Príncipe 20f.
Saône 79
Saporischschja 67
Sapporo 109
Sarajevo 34, 68, 71
Saratow 65
Saratower Stausee 65
Sardinien 32, 79f.
Saskatchewan 124
Satpuragebirge 101
Saualpe 55
Saudi-Arabien 21, 95-97
Sauerland 47
Save 70f.
Scafell Pike 39
Schaalsee 46
Schackleton-Schelfeis 145
Schaerbeek 44
Schaffhausen 57
Scharhörn 53
Schaulen (Šiauliai) 62
Schelde 44
Schesaplana 57
Schiermonnikoog 45
Schilka 107
Schiras 95
Schlei 46
Schlesien 58
Schleswig-Holstein 46, 48, 53
Schneeberg 47, 55
Schneekoppe 58
Schöneberg 50
Schöpfl 55
Schorfheide 46
Schottland 32, 36, 39
Schouwen-Duiveland 44
Schroffenstein 88
Schwäbische Alb 47
Schwarze Elster 46
Schwarzes Meer 19, 23, 31, 33, 35, 61, 64f., 67-69, 72f., 96f.
Schwarzmeertiefland 67
Schwarzwald 47
Schweden 21, 30, 32, 34f., 37, 40f.
Schweiz 30, 34, 42, 56f. (Kapitel)
Schwerin 48
Scotia-Platte 26f.
Seattle 122
Secaucus 126
Seeland 32, 40
Segura 77
Seine 32, 78
Selenge 107
Seman 71
Semarang 109
Semeru 27, 111
Semgallen 62
Sendai 109
Senegal (Fluss) 84
Senegal 20, 82, 84
Seoul 21, 109
Sepik 118
Seram 111
Serbien 31, 35, 68, 71
Serengeti 89
Serra da Estreia 76
Serra Dolcedorme 81
Setagaya 112
Setúbal 76
Severn 39
Sevilla 76
Sewastopol 64, 67
Sewernaja Semlja 19, 106f., 144
Seychellen 19, 21, 83
Seyhan 73
Shah Fuladi 100f.
Shanghai 109
Shannon 39
Shantou 109
Shebele 87
Shenyang 109
Shenzhen 109
Shetlandinseln 32, 36, 39, 144
Shibuya 112
Shijiazhuang 109
Shikoku 111
Shimbiris 87
Shinagawa 112
Shinjuku 112
Shkodra 71
Sibirien 19, 106f.
Sichote-Alin 107, 111
Siebenbürgen 67
Sieg 47
Sierra Leone 20, 83
Sierra Madre 18
Sierra Morena 76
Sierra Nevada (Spanien) 76f.
Sierra Nevada (USA) 18, 125
Silvretta 54, 57
Simbabwe 21, 83, 88f.
Sinai 87
Sindh 101
Singapur (Stadt) 109
Singapur 21, 109
Sint Eustatius 28, 133
Sint Maarten 28, 133
Siret 67
Sizilien 32, 81
Skagerrak 40
Skanden 19, 32, 40f.
Skandinavien 19, 32f., 144
Skellefte älv 41
Skopje 35, 68, 71
Skutarisee 71
Slawonien 70f.
Slieve Donard 39
Slowakei 21, 30f., 34f., 43, 58f. (Kapitel)
Slowenien 30, 34, 43, 68, 70
Småland 40
Smolensk 64
Smolikas 72
Snake 125
Snowdon 39
Sofia 21, 35, 61, 66
Sognefjord 40
Soira 87
Soka 112f.
Sokotra 95, 97
Solling 46
Somalia 21, 82f., 87
Somalibecken 23
Somali-Halbinsel 87
Sotschi 65
Soufrière 26, 135
South Jamaica 127
South Tarawa 117
Southampton 39
Spandau 50
Spanien 21, 30, 32, 34, 76f.
Spessart 47
Spiekeroog 46, 52
Spirdingsee 59
Spitzbergen (Svalbard) 19, 29, 144
Split 70
Spree 46, 50f.
Spreewald 46
Sri Lanka 19, 21, 99, 101
Srinagar 99
St. Albans 127
St. Gallen 57
St. George 126
St. George's 133
St. Kitts 135
St. Kitts und Nevis 20, 133
St. Lucia 20, 133, 135
St. Pierre und Miquelon 122f.
St. Pölten 55
St. Vincent 135
St. Vincent und die Grenadinen 20, 133
St.-Andreas-Graben 26
St.-Lorenz-Golf 124f.
St.-Lorenz-Strom 125
Staaken 50
Stade 53
Stanowoigebirge 107
Stara Zagora 67
Starnberger See 47
Staten Island 126
Stavanger 40
Steglitz 50
Steglitz-Zehlendorf 50
Steiermark 55
Steigerwald 47
Steinhuder Meer 46
Steirisches Hügelland 55
Stettin 58
Stettinger Haff 46
Stockholm 21, 34, 37, 41
Storsjön 40
Straßburg 30, 79
Straße von Bonifacio 79f.
Straße von Dover 78
Straße von Gibraltar 32, 76, 84
Straße von Hormus 97
Straße von Malakka 110
Straße von Messina 81
Straße von Mosambik 89
Straße von Sizilien 80
Straße von Yucatán 134
Stromboli 27, 81
Struma 72
Stuttgart 49
Suchona 64
Sucre 20, 139
Südafrika 21, 83, 88f.
Südamerika (Kapitel) S. 136-144
Südamerika 18, 22, 28, 133, 135
Südamerikanische Platte 26f.
Sudan 21, 82f., 86f.
Südantillenbecken 22
Südaustralisches Becken 23
Südchinesisches Bergland 19, 111
Südchinesisches Meer 19, 23, 111
Sudd 87
Sudeten 58f.
Südgeorgien 18, 28, 139
Südinsel 119
Südkarpaten 66f.
Südkorea 21, 109
Südliche Morava 71
Südliche Sandwich-Inseln 29
Südlicher Bug 67
Süd-Orkney-Inseln 145
Südostindischer Rücken 23, 27
Südpazifisches Becken 22
Südpol 145
Südpolarmeer 18f., 22f., 145
Südsandwichgraben 22
Süd-Shetland-Inseln 145
Südsudan 21, 83, 86f.
Südtirol 80
Südwestindischer Rücken 23, 27
Südwestindisches Becken 23
Sueskanal 87
Suginami 112
Sulaimangebirge 101
Sulawesi (Celebes) 111
Sulusee 111
Sumatra 19, 27, 110f.
Sumba 111
Sumida 112f.
Sundagraben 23
Suomenselkä 41
Süphan 73
Surabaya 109
Surat 99
Surinam 20, 136, 138
Sutlej 101
Suur Munamägi 63
Suva 117
Suvalkija 62
Suzhou 109
Svealand 40
Šventoji 63
Sydney 116
Sylt 46, 53
Syrdarja 106
Syrien 21, 95-97
Syrische Wüste 96
Szeged 59

Täbris 95
Tadschikistan 21
Tahat 85
Tahiti 119
Taichung 109
Taimyr-Halbinsel 19, 106, 144
Taimyrsee 107
Taipeh 21, 109
Taitō 112
Taiwan 19, 21, 109, 111
Taiwanstraße 111
Taiyuan 109
Tajamulco 125, 134
Tajo 32, 76
Taklamakan 110
Tallinn 21, 35, 61, 63
Tama 112
Tambora 27
Tampere 41
Tanaelva 41
Tanasee 87
Tanezrouft 84
Tanganjikasee 19, 89
Tangshan 109
Tansania 21, 83, 89
Tarent 81
Tarimbecken 19, 110
Tartu 63
Taschkent 21
Tasmanbecken 23
Tasmanien 19, 118
Tasmansee 19, 23, 116-119
Tassili der Adjer 85
Tauber 47
Taufstein 47
Taunus 47
Taurus 96
Taygetos 72
Teganumasee 113
Tegel 50
Tegeler See 50
Tegucigalpa 132
Teheran 21, 95
Tejo 76
Tempelhof 50f.
Tempelhof-Schöneberg 50f.
Teneré 85
Terschelling 44
Tessin 57
Tessiner Alpen 57
Teutoburger Wald 46
Texel 44
Thabana Ntlenyana 88f.
Thailand 21, 108-111
Thane 99
Thar 19, 101
Theiß 59, 71
Themse 32, 39
Thessaloniki 72
Thimphu 21, 99
Tholen 44
Thrakien 72
Throgs Neck 127
Thunsersee 56
Thur 57
Thüringen 47, 49
Thüringerwald 47
Thurston-Insel 145
Tian Shan 19, 106, 110
Tianjin 109
Tiber 80
Tibesti 19, 86
Tibet 27
Tiefland von Turan 19, 106
Tiergarten (Berlin) 50
Tiflis 21, 95
Tigris 73, 97
Tijuana 123
Tilburg 44
Timanrücken 64
Timişoara 66
Timor 111
Timorsee 111, 118
Tirana 34f., 68, 71
Tiraspol 67
Tirich Mir 101
Tirol 54
Titicacasee 137
Tobago 135
Tödi 57
Togo 83
Tokelau 117
Tokio 21, 109, 112f. (Kapitel)
Toljatti 65
Tonga 21, 117, 119
Tongagraben 22
Tonle Sap 110
Tönning 53
Torne älv 41
Toronto 123
Torre 76
Toshima 112
Toskana 80
Totes Meer 96
Tottenville 126
Toubkai 84
Toulon 79
Toulouse 78
Tours 78
Trabzon 73
Transantarktisches Gebirge 145
Transhimalaja 101, 110
Trás-os-Montes 76
Traun 55
Traunsee 55
Travis 126
Treene 53
Treptow 51
Treptow-Köpenick 51
Triest 81
Triglav 70
Trinidad 135
Trinidad und Tobago 20, 133
Tripolis 21, 82
Tripolitanien 86
Trischen 53
Tristan da Cunha 29
Troglav 70
Tromelin 29
Trondheim 40
Trondheimfjord 40
Tschad 21, 82, 86
Tschadbecken 19, 85, 86
Tschadsee 85, 86
Tschechien 30, 32, 34, 42f., 58f. (Kapitel)
Tscheljabinsk 104
Tscherskigebirge 107
Tschuktschen-Halbinsel 107
Tschuktschensee 107, 144
Tuamotu-Archipel 119
Tulu Dimtu 87
Tunesien 21, 82, 85
Tunis 21, 82
Turfansenke 110
Turgaisenke 106
Turin 80
Turkanasee 87, 88
Türkei 21, 31, 35, 68f., 72f., 95-97
Turkmenistan 21
Turks- und Caicosinseln 28, 133, 135
Turku 41
Tuvalu 21, 117
Tuzla 71
Tuzsee 73
Tyrrhenisches Meer 32, 80f.

Ubangi 88
Uchta 65
Ucker 46
Uckermark 46
Ufa 61, 65, 104

Uganda 21, 83, 89
Ukraine 21, 31, 33, 35, 61, 64, 66f. (Kapitel)
Ulan-Bator 21, 105
Ulawun 27
Uljanowsk 65
Uludağ 72
Uludoruk 73, 97
Uluru (Ayers Rock) 118
Ume älv 41
Una 70
Ungarn 30f., 32, 34f., 58f. (Kapitel)
Union City 126
Unstrut 47
Untere Tunguska 106f.
Unzeni 27
Upper Bay 126
Uppsala 41
Ural (Fluss) 65, 106
Ural 19, 33, 65, 106, 144
Urmiasee 97
Uruguay 20, 137, 139
Ürümqi 108
USA 144
Usbekistan 21
Usedom 46, 58
Utopia 127
Utrecht 44
Uws Nuur 106

Vaalserberg 45
Vadodara 99
Vaduz 42, 57
Valdivia 26
Valencia (Venezuela) 138
Valencia 77
Valladolid 76
Valletta 34, 81
Valley Stream 127
Van 73
Vänersee 32, 40
Vansee 73, 97
Vanuatu 21, 116f.
Varanasi 99
Varangerfjord 41
Vardar 71
Varel 52f.
Varna 67
Vatikanstaat 30, 34, 80 (Kapitel)
Vatnajökull 32, 39, 144
Vättersee 40
Velebit 70
Venedig 80
Venetien 80
Venezuela 20, 133, 135f., 138
Venta 62
Ventspils 62
Vereinigte Arabische Emirate (V.E.A.) 21, 95, 97
Vereinigte Staaten von Amerika 20, 122-125
Vereinigtes Königreich Großbritannien und Nordirland 21, 30, 32, 34, 36, 39
Verona 80
Vesterålen 40
Vestfjord 40
Vesuv 27, 32, 81
Victoria 21, 83
Victoriafälle 19, 88
Victoria-Insel 18, 124, 144
Victorialand 145
Victoriasee 19, 89
Viehberg 55
Vientiane 21, 108f.
Vierwaldstättersee 57
Vietnam 21, 109-111
Vigo 76
Vijayawada 99
Villach 55
Vilnius 21, 35, 61, 63
Vindhyagebirge 101
Visakhapatnam 99
Vlieland 44
Vlora 71
Vogelkopf 111
Vogelsberg 47
Vogesen 79
Vogtland 47
Volta-Stausee 84
Vorarlberg 54
Vorderrhein 57
Vormsi 62
Vrbas 70

Waadt 56
Waag 59
Waal 44
Wachan 101
Wagrien 46
Wakefield 127
Walachei 67
Walcheren 44
Waldviertel 55
Walensee 57
Wales 32, 36, 39
Wallis 119
Wallis und Futuna 29, 117
Walliser Alpen 56
Wandelsee 144
Wangerooge 46, 52f.
Wannsee 50
Warnow 46
Warschau 21, 34f., 43, 59
Warthe 59
Washington 20, 123
Washington Heights 127
Wasserkuppe 47
Watzmann 47
Weddellmeer 18, 22, 145
Wedding 50
Weichsel 32, 59
Weinviertel 55
Weißensee 51
Weißer Nil 87
Weißes Meer 33, 64, 144
Weisshorn 56
Weißrussland 31, 33, 35, 61, 66f. (Kapitel)
Welikaja 63
Wellington 21, 117
Wendland 46
Werchojansker Gebirge 19, 107
Weser 46, 53
Wesergebirge 46
Wesermarsch 53
West Brighton 126
Westalpen 79
Westantarktis 145
Westaustralisches Becken 23
Westbalkan 71
Westend 50
Westerland 53
Westerleigh 126
Westerschelde 44
Westerstede 52f.
Westerwald 47
Westeuropäisches Becken 22
Westfriesische Inseln 44f.
Westghats 101
Westliche Morava 71
Westliche Sierra Madre 125
Westlicher Euphrat 73
Westlicher Taurus 72
Westsahara 20f., 82
West-Schelfeis 145
Westsibirisches Tiefland 19, 106
Whitestone 127
Wichren 66
Wiehengebirge 46
Wien 21, 34, 43, 55
Wienerwald 55
Wiesbaden 49
Wight 39
Wildhorn 56
Wildspitze 54
Wilhelmshaven 52f.
Wilkesland 145
Wilkins-Schelfeis 145
Williamsburg 127
Willowbrook 126
Wilmersdorf 50
Windhoek 21, 83
Windwardpassage 135
Winnipegsee 124f.
Winterthur 57
Wirzsee 63
Witjastief 1 23
Wittdün 53
Wittmund 52
Wizebsk 67
Wjatka 65
Wladiwostok 105
Woiwodina 71
Wolga 19, 33, 65
Wolgograd 61, 65, 104
Wolgograder Stausee 65
Wolhynien 67
Wollin 58
Woodhaven 127
Woronesch 61, 64
Wörthersee 55
Wotkinsker Stausee 65
Wrangelinsel 107, 144
Wuhan 109
Wümme 46
Wursten 53
Wuxi 109
Wyk 53

Xi'an 109
Xianyang 108f.
Xuzhou 109

Yachiyo 113
Yamoussoukro 83
Yamuna 101
Yaoundé 21, 83
Yapinseln 118
Yaren 117
Yarlung Tsangpo 110
Yeşilirmak 73
Yokohama 109
Yonkers 127
Yucatán 125, 134
Yukon 124, 144

Zadar 70
Zagreb 34, 68, 70
Zagrosgebirge 19, 97
Zakynthos 72
Zapopan 123
Zaragoza 77
Zard Kuh 97
Zehlendorf 50
Zenica 71
Zentralafrikanische Republik 83, 88
Zentralarktisches Becken 23
Zentralindischer Rücken 23, 27
Zentralindisches Becken 23
Zentralmassiv 32, 79
Zentralpazifisches Becken 22f.
Zhengzhou 109
Zibo 109
Zimljansker Stausee 65
Zingst 46
Zuckerhütl 54
Zugersee 57
Zugspitze 47
Zuid-Beveland 44
Zürich 57
Zürichsee 57
Zypern 21, 31, 35, 69, 73, 95f.

Lösungen

Hier findest du die Antworten zu allen Rätselfragen und Kartensuchspielen.

S. 37
1. Faröer (Dänemark)
2. Reykjavik
3. Eine: Birmingham

S. 43
1. Liechtenstein
2. Bratislava
3. Sieben: Luxemburg, Schweiz, Österreich, Liechtenstein, Slowakei und Ungarn

S. 51
1. Großer Müggelsee
2. Havel und Spree

S. 61
1. Zwei: Moldawien und Weißrussland
2. Chişinău
3. Lettland (Riga) und Estland (Tallinn)
4. Neun: St. Petersburg, Perm, Nischni Nowgorod, Kasan, Ufa, Samara, Woronesch, Wolgograd, Rostow

S. 69
1. Sieben: Istanbul, Bursa, Izmir, Adana, Konya, Antalya und Gaziantep
2. Zypern
3. Türkei

S. 75
1. Zwei: Spanien und Frankreich
2. Eine: Mailand
3. Andorra

S. 85
Toubkal (4165 Meter)

S. 94
Maskat

S. 97
Euphrat und Tigris

S. 99
1. 40 Stück (die Hauptstadt Neu-Delhi hat nur etwa 250 000)
2. Timphu

S. 105
1. Vier: Jekaterinburg, Tscheljabinsk, Omsk und Nowosibirsk
2. Wladiwostok

S. 122
1. Grönland
2. Calgary

S. 124
Appalachen

S. 127
1. Bronx
2. Hudson River

S. 132
Puerto Rico gehört zu den USA.

S. 134
Tajumulco (4220 Meter)

S. 137
1. Bolivien und Paraguay
2. die Galápagos-Inseln

Bildnachweis

Umschlag: iStock/RomoloTavani (Erde), Adobe Stock/sborisov (Tower Bridge), Adobe Stock/filipefrazao (Junge), Adobe Stock/hotshotsworldwide (Koala)

Adobe Stock: Damian (Büroklammer), isarpic (kariertes Notizblatt), homydesign (grünes Ticket), Anton Balazh (10 o.), Audris Merfeldas (13 o.r.), Klaus Rose (13 M.l.), Tatjana Balzer (13 M.r.), Vlad Ivantcov (14 o.r.), naturesports (18 M.l.), Anatoly Ustinenko (19 o.), Dmitry Pinchugin (19 u., 25 u.r.), Ralf Gosch (20 M.), tommypiconefotografo (20 u.), chaosdiver (20f. o.), Ariane Citron (20 o.), UTBP (22 M.), Lovell (22 u.), Evgen (23 o.), ellensmile (23 u.), clearviewstock (24 o.), HappyAlex (24 u.), zhaubasar (24f. o.), Karin Jähne (25 M.), Asya M (25 u.l.), ecuadorquerido (26 u.r.), mathiasmoeller (27 o.), Tetastock (27 u.), Nikolai Sorokin (28 o.), carole castelli (28 u.l.), ondreyprosicky (29 o.), dietwalther (29 M.), Andrey Kuzmin (31 o.), Thorsten Schier (32 M.), Wead (32 u.), tongo_foto (32f. o.), LianeM (34 u.r.), Sebastian Hensel (34 o.), Luciano Mortula-LGM (35 M., 127), Lambros Kazan (35 u.), f11photo (36 M.), senicer (36 u.), Piotr Wawrzyniuk (37 M.r.), Alex Koch (38 o.), cajaboco (38 M.), spumador (38 u.l.), dade 72 (39 M.), norbel (39 u.), travelguide (40 M.), maxsol17 (40 u.), Anibal Trejo (42 M.), rihas (42f. u.), maromarez (44 u.), michilist (45 o.), Rico Ködder (46 o.l.), Franzisca Guedel (46 o.r.), juhumbert (47 u.l.), Photocreo Bednarek (48 o.l.), edladcarin (48 o.r.), Scirocco 340 (48 M.), Sabine Teichert (49 o.), travelview (49 M.), Serghei Velusceac (49 u.), ArTo (50 o.), kameraauge (50 M., 50 u.), Kzenon (51 o.r.), axepe (52 o.), Martina Berg (52 u.), Anke Simon (53 o.l.), piepette (53 o.r.), photo5000 (54 M.r.), Markara (54 M.l.), Kara (54f. u.r.), Michele Boiero (55 M.), Anna Sedneva (55 u.), Hans und Christa Ede (56 o.), u.perreten (56 u.), gevisions (56 f. u.), Reinhard Tiburzy (57 o.), meseberg (58 o.), tomeyk (59 u.l.), Vladimir Melnik (60 o.), photofranz56 (60 M.o.), Printemps (60 M.u.), Fotokon (60 u.r.), pioregur (62 o.r.), Aleks Kend (52 M.), ID1974 (62 u.l.), bokstaz (63 M.), Erika Mandre (63 u.), dimbar 76 (64), Sergey Ryzhkov (65 M.), Leonid Andronov (65 u.), vrabelpeter1 (66 o.), Lucian Bolca (66 M.), Maksim Bukovski (66 u.), percent (67 o.), caluian (67 M.), EwaStudio (67 u.), vladimirnenezic (68 o.), nyiragongo (68 M.), ollirg (68 u.), Richard Carey (69 M.), fotofritz16 (69 u.), dream79 (70 o.), otsphoto (70 M.), Kavita (70 u.l.), rh2010 (70f. u.), larygin Andrii (71 o.), stifos (71 u.), fatihyalcin (72 o.), neirfy (72 M., 76 o.), Koraysa (72 u.), anastasios71 (73 o.), wjarek (73 M.), vadim_petrakov (73 u.), volff (74 o.), SeanPavonePhoto (74 M.), Uryadnikov Sergey (75 o., 110 u., 124), szirtesi (75 u.), Ekaterina Kolomeets (76 M.), LianM (76 u.l.), juan _aunion (76 u.r.), jota69 (77 u.), Jose Ignacio Soto (78 u.l.), dirk94025 (78f. o.), jotily (79 o.), Richard Villalon (79 u.r.), Circumnavigation (80), Ibinova (81 o.), AlexanderNikiforov (81 M.), Alex Green (81 u.), Galyna Andrushko (82 o.r.), Adele De Witte (83 o.), Worldwide Pictures (84 M.), seqoya (85 o.l.), djo8000 (85 o.r.), cokal (85 M.), alpe52 (85 u.), Inichetti (86 M.) frank11 (87 M.), Christof Muller (88 M.), Philip Wininger (88 u.l.), gudkovandrey (88 u.r.), stuporter (89 o.l.), Eric Gevaert (89 o.l.), Alex (89 M.l.), EcoView (89 M.r.), Rudolf Tepfenhart (94 M.l.), ayazad (94 M.r.), acceptfoto (94 u.l.), Max Topchii (96 M.), rCarner (96 u.l.), René Heinrichs-dorff (97 M.r.), gaelj (97 M.l.), Wilhelmine (97 u.), Fotoimp (98 o.), JeremyRichards (98 u.), airmaria (100 o.), picattos (100 M.l.), Collette (100 M.M.), cbasting (101), u.perreten (103), Vladitto (104 M.), darkbird (104 u.l.), cescassawin (105 u.), mik ivan (106 o.), Anatoly Butyrin (106 u.), Hunta (107), Patrick Foto (108 o.), potowizard (108 M.), aquablue71 (108 u.), wusowei (111 o.), structuresxx (112 u.), Korradol (113 o.), YUMU (115), Rafael Ben-Ari (116), jolei (117 o.), Didier San Martin (118 u.r.), Curioso Photography (119 u.l.), hotshotsworldwide (119 u.r., 135 o.), yongkiet (120f.), UbjsP (122 o.), mbruxelle (122 M.), Alberto Lama (123 M.), LSK (123 u.), MangAllyPop@ER (125 M.), hakoar (125 u.), ajjax (126 o.), Tierney (126 M.l.), c-foto (126 M.r.), luis sandoval (131), piberger (132 M.l.), Bama Tanko (132 M.r.), Nolte Lourens (133), Simon Dannhauer (134), Megan Lorenz (135 u.), Roman Gorielov (137 M.), Kayann (137 u.l.), patronestaff (137 u.r.), Alexandr Vorobev (138), mgkuijpers (139 o.), LICHTMASCHINECGI (140f.), Cesar Machado (143), Jonas (144 o.), staphy (145 o.).
Colourbox: 28 u.r., 29 u.r. (cescassawin), 30 u. (dibrova), 42 u., 43 M., 43 u., 45 M., 58 u.r., 78 u.r., 79 M.
iStock: Claudiad (21 u.l.), 4FR (21 u.r.), MOF (22 u.r.), Gargonia (35 o.), Pro-syanov (106 M.), Himagine (110 M.), menabrea (111 u.), wsfurlan (137 o.M.), RainbowJoe (144 M.), HuntedDuck (144 u.l.), KeithSzafranski (145 u.r.).
picture alliance: picture alliance/Mary Evans Picture Library (23 M., 65 o.), picture alliance/Minden Pictures (26 u.l.), picture alliance/Westend61 (37 o.r.), picture alliance/joker (44 M.), picture alliance/EXPA/APA/picturedesk.com (55 o.), dpa (58 u.l.), dpa-Report (59 u.r.), dpa – Bildarchiv (60 u.l.), picture alliance/sodapix (60 u.M.), picture alliance/Arco Images (62 o.l), epa (77 o.), dpa-Report (78 M.), picture alliance/NHPA/photoshoot (83 u.r.), picture alliance/dpa (86 u.), picture alliance/AP Images (87 u.), picture alliance/AP Photo (98 M.l.), picture alliance/Westend61 (98 M.M.), picture alliance/image BROKER (98 M.r.), picture alliance/ZUMA Press (99), picture alliance/AP Photo (100 u.), picture alliance/dpa (102), picture alliance/RIA Nowosti (104 u.r.), dpa – Report (109 o.), dpa (113 M.), picture alliance/robertharding (117 u.r.), picture alliance/abaca (123 o.), picture alliance / AE ED FERREIRA (137 o.l.),
Shutterstock: Harald Lueder (46 u.), D. Bond (47 o.), Nick Biemans (47 u.), James Michael Dorsey (82 o.l.), Neil Bromhall (87 o.r.), SeraphP (97 o.), Faiz Zaki (109 u.), Sean Pavone (112 o.), dinozzzaver (117 u.l.).
Wikimedia Commons: Library of Congress (11 o.r.), Yaan (11 M.l.), Lockheed-Martin (13 u.l.), Ana Raquel S. Hernandes (18 u.l.), Olegivvit/cc-by-sa-3.0 (33 M.o.), Karsten Dörre/cc-by-sa-3.0 (33 M.u.), Prof saxx (34 u.l.), Dl. mooz (51 o.l.), 4028mdk09/cc-by-sa-3.0 (52 M.), Dan Lundberg/cc-by-sa-2.0 (83 u.M.), NASA Earth Observatory (87 o.l.), Luca Galuzzi (100 M.r., 139 u.l., 139 u.r.), Jakub Halun (109 M.), United States Boanic Garden, Washington (110 o.), Gysiak/cc-by-sa-3.0 (122f. o.), NOAA Photo Library (144f. u.r.).
Sonstige: Geoportal Berlin/DOP20RGB (14 M.l.), Uli Poetsch (18 u.r., 118M.), GEOMAR-Helmholtz-Zentrum für Ozeanforschung in Kiel (40 o.), National Geographic/Alison Wright (41), Luxembourg City Tourist Office (45 u.), Nabu/Jens Sharon (51 M.), Eisriesenwelt GmbH (54), Dan Lundberg/cc-by-sa-2.0 (83 u.l.), Zarengoldexpress (105 o.).

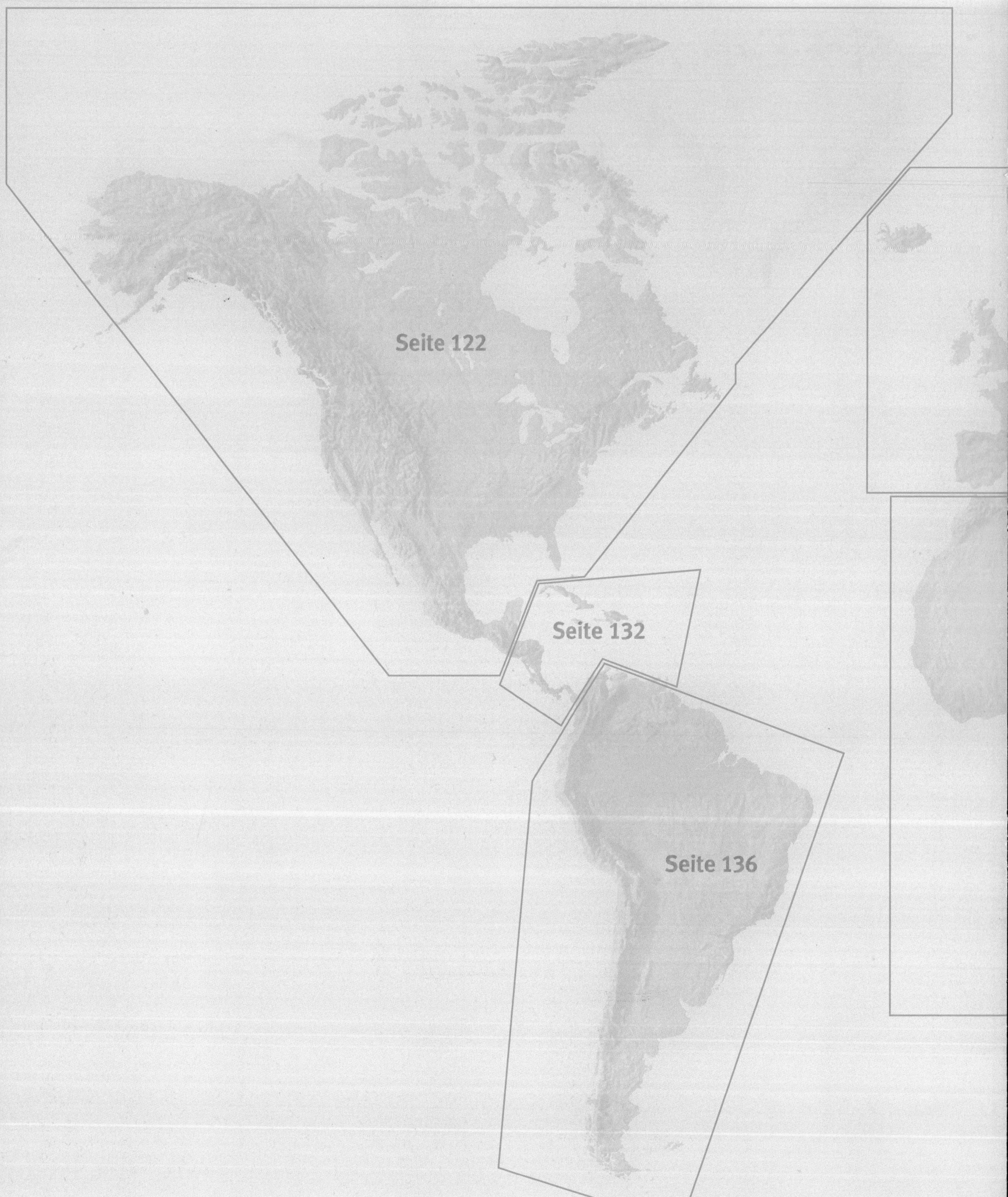
Seite 122
Seite 132
Seite 136